- 广东省科技计划项目"以广东省高新区为主导的全省科技企业孵化创新创业服务网络的构建、评价及决策支撑平台建设"(项目编号:2014A010108003)
- 国家社科基金后期资助项目"合作视野下的转型期村庄集体资源治理"(项目编号:16FSH004)
- 广东省科技计划项目"面向全省科技企业孵化器和众创空间的科技创新创业人才培训设计与实践研究"(项目编号:2017A070715010)
- 广州市哲学社会科学"十三五"规划项目"广州深入推进'广深港澳科技创新走廊'建设研究"(项目编号:2020GZYB32)

基于广东经验的科技企业孵化服务网络构建、治理及政府角色研究

周怀峰 陈晔 吴勇浩 雷城乐 ◎ 著

·广州·

图书在版编目（CIP）数据

基于广东经验的科技企业孵化服务网络构建、治理及政府角色研究/周怀峰等著. —广州：华南理工大学出版社，2020.6
ISBN 978－7－5623－6320－0

Ⅰ.①基… Ⅱ.①周… Ⅲ.①高技术企业-企业孵化器-研究-广东 Ⅳ.①F279.276.5

中国版本图书馆 CIP 数据核字（2020）第 066454 号

基于广东经验的科技企业孵化服务网络构建、治理及政府角色研究
周怀峰　陈　晔　吴勇浩　雷城乐　著

出 版 人：卢家明
出版发行：华南理工大学出版社
　　　　　（广州五山华南理工大学 17 号楼　邮编：510640）
　　　　　http://www.scutpress.com.cn　E-mail: scutc13@scut.edu.cn
　　　　　营销部电话：020－87113487　87111048（传真）
责任编辑：谢茉莉
责任校对：梁樱雯
印 刷 者：广州市人杰彩印厂
开　　本：787mm×1092mm　1/16　印张：11.75　字数：235 千
版　　次：2020 年 6 月第 1 版　2020 年 6 月第 1 次印刷
定　　价：56.00 元

版权所有　盗版必究　　印装差错　负责调换

前　言

科技企业孵化服务网络是一种新型的合作组织，连接着新创企业所需要的各种资源，是初创企业需要的各种资源网络的集合，是企业获取各类短缺资源的重要渠道，对初创企业的成长起着十分重要的作用。网络主要成员包括政府、企业、孵化器、在孵企业、科研院所、专家、中介机构、金融机构、供应商等，均拥有社会经济资源。完整的网络一般由作为网络核心的孵化器及支持网络、投融资网络、人力资源网络、增值服务网络和扩展网络等子网络构成。

在支持网络中，一般的主角是政府科技部门、承接政府科技服务的相关单位、企业孵化器协会等。政府提供的孵化服务不局限于提供补贴及办公场地这些直接的资助，更重要的是政府在信息和网络的支持、引导方面所起的作用。在与支持网络的互动中，企业孵化器利用政府的信息平台和公共网络，可以实现网络中各节点以极低的成本进行信息与知识的扩散与传播，可为企业孵化器提供众多有效的孵化服务。

投融资网络是孵化服务网络中极其重要的部分，旨在为初创企业提供孵化服务产品——投融资服务。该网络主要由各大金融机构，包括银行、保险公司、信托公司、证券公司、风险投资公司等构成。投融资网络作为一个整体出现，就是要将孤立的金融机构联合起来，通过某种方式使银行的资金、风险投资的资金与其他金融机构合作提供投融资服务。与支持网络中的桥梁作用不同，在投融资网络中企业孵化器更多地承担起协调和管理的作用。

人力资源网络则主要是为了解决初创企业的人力资源问题。该网络主要由高校、科研机构、培训机构、猎头公司等组成。企业孵化器在其中的主要作用是建立人才库，将人才供需双方信息对接，为企业提供人力资源服务。

增值服务网络则是由提供与创业相关的一系列服务的中介机构构成，包括会计师事务所、律师事务所、咨询公司等。增值服务网络是子网络中机构类型最多样、提供服务类型最多的网络。该网络旨在为初创企业提供除资金和人才以外的其他孵化服务，比如财务分析、市场调研、市场营销、管理咨询、上市培训等。

扩展网络则是由支持网络、投融资网络、人力资源网络和增值服务网络再派生的服务网络。

从深层次来讲，企业孵化服务网络的主要功能其实是通过成员的合作，生产"孵化服务"这种产品，组成"孵化服务包"，为初创企业提供研发、生产、经营、人力资源、政策咨询、投融资以及法律、市场等各方面的孵化服务。从分工和专业化的角度看，企业孵化服务网络是孵化服务分工和专业化发展的必然产物。科技企业孵化器的本质是一个"生产企业的企业"，它的使命是"生产具有自生能力的企业"。作为追求效益最大化的企业，专攻于自身有分工优势的领域，将不具备分工优势的生产外包，通过与外部组织的分工合作，形成合作生产的网络就是孵化服务分工与专业化不断演化的结果。

从科技企业孵化器的发展史看，构建孵化服务网络是科技企业孵化器向高层次发展或者说是孵化器二次创业的重要内容，也是孵化器发展的趋势。一些发展较为成熟的孵化器，已经开始侧重于建设孵化服务网络，包括在孵企业之间和与企业有关的外部机构之间的网络建设，以项目为基础，通过孵化器这一平台，将分散在不同领域的企业和其他具有孵化资源的机构聚集在一起，形成一个完整的孵化服务网络。在这当中，企业孵化器的作用类似于网络合作组织的发起人和领导者，是孵化服务网络的最主要节点，帮助企业与外部经济活动之间建立和发展网络关系，为企业和孵化服务资源的聚集与孵化服务的合作生产提供平台。

虽然科技企业孵化服务网络对孵化器的发展至关重要，也是企业孵化器发展的方向，但目前理论界对科技企业孵化服务网络的生成、演化、治理及政府在其中扮演的角色仍缺乏系统的研究，各地科技企业孵化服务网络的发展亟需系统的理论指导。

本书根据广东省科技企业孵化网络发展的实践，利用合作行为和分工与专业化的理论，把孵化服务当做是一种不断分工、外包和专业化合作生产的产品，从市场自发演化的视角，在源头上探讨了科技企业孵化服务网络的生成、演化及其治理机制，从中发现自发生成的孵化服务网络中的合作失灵、市场失灵等难题，无法达到孵化服务产品的最优配置，因而需要充分发挥政府外部性补偿者、投资风险共担者、合作的保障者、制度设计者等角色，以保障孵化服务网络的正常运行。

本书由既各自独立又逻辑关系紧密的三篇组成，全书由周怀峰拟定提纲，第一篇由陈晔撰写，第二篇由吴勇浩撰写，第三篇由雷城乐撰写，最后由周怀峰修改定稿。各篇按照逻辑展开顺序分别论述了科技企业孵化服务网络的构建、治理及政府在其中的角色问题，并且每一篇都结合广东科技企业孵化服务网络建设的案例进行经验研究，并对广东的科技企业孵化服务网络构建、治理和政府在其中的作用进行了剖析，提出的相应建议为完善科技企业孵化服务网络提供参考。

目 录

第1篇 科技企业孵化服务网络的构建

1 绪 论 ·· 2
   1.1 研究背景 ··· 2
   1.2 研究方法 ··· 2
   1.3 研究目标和内容 ··· 3
2 孵化服务网络构建的相关理论 ··· 4
   2.1 国内外文献综述 ··· 4
   2.2 理论基础 ··· 8
3 孵化服务网络微观结构 ··· 13
   3.1 孵化服务网络相关概念的界定 ·· 13
   3.2 孵化服务网络的组织结构 ··· 15
4 孵化服务网络成员合作构建的基础 ······································ 20
   4.1 孵化服务网络合作的经济基础 ·· 20
   4.2 孵化服务网络合作的制度基础 ·· 22
   4.3 孵化服务网络合作的社会情感基础 ·································· 24
   4.4 孵化服务网络合作模型及修正 ·· 25
5 孵化服务网络的自发构建和自我演化 ··································· 27
   5.1 全能型孵化器、孵化服务外包和孵化服务网络 ···················· 27
   5.2 孵化服务网络自我演化的理论模型假设 ···························· 29
   5.3 孵化服务网络成员的决策函数和决策行为 ························· 30
   5.4 孵化服务网络成员各种决策的分析比较 ···························· 34
   5.5 孵化服务网络合作自发构建的路径 ·································· 35

6 政府干预条件下孵化服务网络构建的途径 37
6.1 政府干预孵化服务网络构建的必要性 37
6.2 政府在孵化服务网络构建中的角色定位 39
6.3 政府支持孵化服务网络构建的途径 40

7 孵化服务网络合作构建案例研究 42
7.1 深圳市孵化服务网络发展概况 42
7.2 深圳市孵化服务网络组织结构 46
7.3 深圳市孵化服务网络构建的基础 48
7.4 深圳市孵化服务网络构建的途径 50
7.5 深圳市孵化服务网络构建过程中的问题与解决方法 51

8 孵化服务网络合作构建和维护的途径 53
8.1 孵化服务网络合作构建中的问题 53
8.2 促进孵化服务网络合作构建和维护的有效途径 53

第2篇 科技企业孵化服务网络的治理

1 绪 论 58
1.1 研究背景 58
1.2 研究方法 58
1.3 研究内容 59

2 孵化服务网络治理的文献综述 61
2.1 国内外研究进展 61
2.2 简要评价和研究的切入点 64

3 孵化服务网络的微观解构 66
3.1 孵化服务网络的概念、特征和演化阶段 66
3.2 孵化服务网络的构成要素 72
3.3 孵化服务网络成员间的合作关系 77

4 孵化服务网络集体合作治理的动因及其困境 80
4.1 孵化服务网络集体合作治理的动因 80

4.2　孵化服务网络成员集体合作治理的困境 ················· 87
5　孵化服务网络集体合作治理的机制设计 ························ 91
　　5.1　孵化服务网络自组织的治理 ····························· 91
　　5.2　孵化服务网络第三方力量治理 ··························· 102
6　孵化服务网络的合作治理案例研究 ···························· 105
　　6.1　深圳清华研究院孵化服务网络案例 ······················ 105
　　6.2　广州华南新材料孵化服务网络案例 ······················ 109
　　6.3　案例研究启示 ··· 111

第3篇　地方政府在科技企业孵化服务供给体系中的角色

1　绪　论 ··· 114
　　1.1　研究背景 ··· 114
　　1.2　研究方法 ··· 114
　　1.3　研究内容 ··· 115
2　孵化服务供给研究理论 ······································· 116
　　2.1　国内外相关研究综述 ··································· 116
　　2.2　理论基础 ··· 119
3　孵化服务产品的生产 ··· 123
　　3.1　孵化服务产品的特征 ··································· 123
　　3.2　孵化服务产品的供给体系 ······························· 124
　　3.3　孵化服务产品生产的演化 ······························· 128
　　3.4　孵化服务的生产失灵 ··································· 129
4　政府干预孵化服务产品生产的理论与现实 ······················ 131
　　4.1　孵化服务生产失灵的解决方式 ··························· 131
　　4.2　孵化服务市场生产失灵的原因 ··························· 131
　　4.3　孵化服务合作生产失灵的原因 ··························· 135
　　4.4　政府干预孵化服务产品生产的理论依据 ·················· 137
　　4.5　地方政府干预孵化服务产品生产的现实动因 ·············· 139

5 地方政府在科技企业孵化服务供给体系中的角色 …… 144
5.1 外部性补偿者 …… 144
5.2 投资风险共担者 …… 149
5.3 孵化服务网络合作的保障者 …… 154
5.4 制度设计者 …… 157
5.5 政府干预应注意的问题 …… 159

6 广东各级政府在孵化服务供给体系中的角色 …… 161
6.1 外部性补偿者的实践 …… 161
6.2 投资风险共担者的实践 …… 163
6.3 孵化服务网络合作保障者的实践 …… 165
6.4 制度设计者的实践 …… 167
6.5 广东省在干预过程中应注意的问题 …… 168
6.6 广东省干预孵化服务产品生产之后的绩效 …… 170
6.7 广东省干预孵化服务产品生产的经验启示 …… 173

参考文献 …… 175

第1篇

科技企业孵化服务网络的构建

1 绪　论

1.1 研究背景

科技企业孵化器的发展和兴起是新科技革命发展的必然要求。随着各种个性化创业活动和新兴产业的不断涌现，各种技术、服务日趋专业化，孵化企业所需要的孵化服务种类不断增加，单独的科技企业孵化器生产的孵化服务资源已经无法适应孵化企业日渐多样化的孵化需求。因此，打造以孵化器为中心节点，构建提供各种孵化服务的孵化服务网络，实现孵化服务由单一孵化器提供向多个专业化机构合作提供已成为提高孵化服务效率的重要手段。

同时，孵化服务网络在某种程度上是一种具有外部性的产品，具有一定的准公共特性，存在一定程度的市场失灵，即孵化服务网络市场自发构建不足，因而需要政府支持企业孵化器主导构建孵化服务网络。

1.2 研究方法

首先，在理论分析的基础上，对孵化服务网络构建的途径和方法进行了辨析，确定了包括政府部门在内的孵化服务网络各合作成员在孵化服务网络构建中的作用和角色定位。其次，通过对典型案例的分析，剖析孵化服务网络成员在自发合作构建孵化服务网络中的角色和作用，并分析政府在其中弥补市场自发构建孵化服务网络动力不足的功能和角色。典型案例的剖析印证了孵化服务网络成员多重人性假设的合理性和在各自追求利益最大化条件下孵化服务网络的自发构建和演进的可能性，同时也印证了市场自发构建孵化服务网络的动力不足，需要政府干预和支持组建孵化服务网络以提高孵化效率的事实。最后，概括出孵化服务网络构建中常见的问题，并针对这些问题提出相应的解决措施，为加快构建孵化服务网络、提高孵化效率和质量提供参考。

1.3 研究目标和内容

研究目标是，在合作的角度下探讨孵化服务网络构建问题，全篇围绕着"孵化服务网络如何生成和演化"以及"如何通过合作构建孵化服务网络"两个目标展开。一方面，通过引入多重人性假定和超边际模型系统性分析了孵化服务网络合作构建的基础和动力，解答了"孵化服务网络如何生成和演化"问题；另一方面对合作构建的途径和方法进行了辨析，确定了孵化服务网络各合作成员在孵化服务网络构建中的作用和角色定位，解答了"如何构建孵化服务网络"的问题，为上述理论假设提供来自孵化服务网络构建实践的支持。

通过赋予孵化服务网络成员"经济人""社会人""复杂人"的多重人性假设，在此基础上进一步详细阐述了影响科技企业孵化服务网络各成员间合作的三大基础——经济基础、制度基础和社会情感基础，构造了一个更加贴近现实的孵化合作网络模型，并从时间维度进行了修正，为孵化服务网络各成员之间的合作提供定性的基础；同时，在此基础上进一步引入超边际分析模型，探讨效用最大化目的下孵化服务网络的自发构建和演进的内因和路径，真正从定量的基础上分析孵化器如何从一体化的"自给自足"状态自发地发展成为庞大的、由众多专业化服务机构组成的孵化服务网络的过程，回答在无政府干预条件下的孵化服务网络自发生成和演化的问题。

2 孵化服务网络构建的相关理论

2.1 国内外文献综述

对于孵化服务网络的研究，国外开始的时间较早，相较于国内环境，国外发达的网络技术和完善的资本市场制度等外在条件，使得孵化器在网络化方面的实践尝试更早。早在 2000 年就有学者（哈佛大学教授 Hanson）研究孵化服务网络对孵化器的孵化绩效影响。国内关于孵化服务网络研究出现的时间较晚，并借鉴了国外对于孵化服务网络的研究理论，在孵化服务网络的结构属性与运作机理方面的研究与国外较为一致。本篇在国内外研究的基础上，结合我国孵化服务网络发展现状及关注重点，对应研究需要，主要从以下几个方面对相关理论研究进行梳理分析。

2.1.1 孵化服务网络化发展的相关研究

科技企业孵化器的网络化发展是孵化服务网络产生和发展的直接动因，科技企业孵化器的网络化推动着孵化服务网络形成与发展，并不断进行演化。现有文献对孵化服务网络化发展的研究主要集中在网络化演进的动因、网络化演进的基本特征、网络化发展的表现形式以及网络化发展的障碍和对策等方面。

在网络化发展的动因方面，邹伟进和郑凌云从网络治理机制的角度，探讨了科技企业孵化器网络化演进的基本特征，认为网络内部资源配置效率和网络外部资源的协调效率是保证企业孵化器功能的主要内容，建立在孵化企业集群和孵化器集群基础上的网络联系是网络组织形成的经济动因[①]。

在网络化的表现形式方面，王荣通过对上海市孵化服务网络的分析，提出了孵化服务网络包括三级管理体制：政府层面、社团层面和孵化器层面[②]，他将孵化服务的网络化发展概括为组织结构的网络化、资源的网络化、信息的网络

[①] 邹伟进，郑凌云. 中国企业孵化器网络化演进：基于网络治理理论分析 [J]. 中国地质大学学报（社会科学版），2010（1）：104 – 109.

[②] 王荣. 上海科技企业孵化器网络建设实践探索 [J]. 中国新技术新产品，2007（12）：47 – 50.

化和服务网络化等四个方面①；李振华、赵黎明根据社会网络理论的观点将孵化服务的网络化发展分为内部的网络化发展、外部的网络化发展和内外关系网络间的相互作用等三个层次②。

在网络化发展的障碍和对策方面，杨霞等认为阻碍孵化服务网络化发展的一个重要原因是科技企业孵化器内部现有的制度缺陷，同时提出现有的阻碍孵化服务网络化发展的制度困境主要包括孵化器与外部信息交流不自由、网络化发展的动力不足、孵化器之间存在不良竞争等③；陈健从区域空间分布的角度提出孵化服务网络化发展要逐步整合科技企业孵化器，打破孵化器之间各自为政的束缚，形成区域性的孵化器产业群，同时要建立相应的监督机制对孵化服务的网络化发展进行监督④。

此外，还有学者从科技企业孵化器网络化运作的机理的角度研究孵化服务的网络化发展，认为"社会网络理论"和"网络组织理论"是孵化器的网络化发展的重要理论依据⑤。

2.1.2 孵化服务网络生成和演化相关研究

目前，国内外理论界对于孵化服务网络的生成和演化的相关研究是从社会网络演化的角度，研究的关键点主要集中在网络生成和演化的动力以及网络演化的途径和步骤等方面。在网络生成和演化的动力方面，Giullian 等在构建网络演化的概念模型后提出网络演化的主要动力是内、外部因素之间的相互作用与相互影响⑥；Zaheer 和 Bell 通过对网络机构的分析将驱动网络演化的因素提炼为拓扑结构、网络关系和节点属性等几个部分⑦；李文博等认为网络的演化是一个复杂的过程，且这个过程中充满变数，提出影响网络演化过程的主要因素包括市场竞争程度、宏观经济环境外生性因素以及网络成员关系、网络组织结构、

---

① 王荣. 科技企业孵化器发展的网络化和国际化 [R]. 中国科技企业孵化器发展报告，厦门大学出版社，2003.

② 李振华，赵黎明. 科技企业孵化器的网络化发展研究 [J]. 科技管理研究，2007，11：49–51.

③ 杨霞，池仁勇，王会龙，等. 实现区域孵化器网络化的制度困境及对策 [J]. 中国软科学，2003，17 (5)：22–35.

④ 陈健. 中国科技企业孵化器网络化发展的探讨 [J]. 情报探索，2004 (4)：69–73.

⑤ 王汉光. 科技企业孵化器网络化运营创新研究 [D]. 武汉理工大学，2012.

⑥ Giullian E, Bell M. Industrial clusters and the evolution of their knowledge networks: Revisiting a Chilean case [A]. UK: SPRU Electronic Working Paper Series, 2008: 171.

⑦ Zaheer A, Bell G G. Benefiting from network position: Firm capabilities, structural holes, and performance [J]. Strategic Management Journal, 2005, 26 (9): 809–825.

网络的目标等内生性因素①;石乘齐和党兴华从知识权力的视角、以知识权力的形成路径为线索,将创新网络的演化动力归纳为外生拉动力、内生推动力、内生调控力和结构制约力四种②。

在网络演化的途径和步骤方面,Ring 通过对网络演化的具体步骤和演化过程中的公平性的分析,认为网络演化是网络内部成员通过将协商、承诺和执行三个步骤不断循环往复而实现的,并且受到网络成员每个阶段合作绩效以及网络产出分配的程序和结果是否公平的调控③。

2.1.3 孵化服务网络结构的相关研究

不同的孵化服务网络结构对于网络构成主体链接资源的能力的影响不同,从而影响孵化资源的集聚和整合,对孵化绩效产生不同影响。目前关于孵化服务网络结构的研究主要集中在三种研究层面:网络微观结构、网络结构特征和网络结构演化。

在网络的微观结构方面,葛宝山和王艺博从微观行为视角出发,认为孵化服务网络行为节点可分为创新、价值、中介、智力、资金和引导等六种节点,每个节点在内容、动因、作用和链接方式等方面存在不同表现④。

在网络结构特征方面,张宝建等认为网络结构特征的识别程度,关系到孵化服务网络的孵化能力能否对初创企业的成长提供有效支撑;借助社会网络理论关于对网络结构的测度,结合我国孵化服务网络的发展实践,利用多元回归分析方法,研究发现,网络结构中的关系强度、关系质量、异质性、结构洞和中心度 5 个指标都会对创业绩效产生正向影响。在网络结构中,关系强度反映着双方互动频率,关系强度越高越有利于双方在复杂、关键的技术资源方面信息共享;关系质量代表成员间信任、承诺的水平,良好的关系质量可有效减少网络成员机会主义行为;异质性反映了网络成员在业务种类、发展前景等方面存在差异性,异质性成员的出现,给孵化服务网络带来非同质化的孵化资源;结构洞的出现,反映了成员在获取信息、孵化资源等层面上的非对称性能力;网络中心度,衡量了网络成员直接交往的成员数量,中心度越大,表现为网络

---

①李文博,林云,等. 集群情景下企业知识网络演化的关键影响因素:基于扎根理论的一项探索性研究[J]. 研究与发展管理,2011,23(6):17-24.
②石乘齐,党兴华. 创新网络演化动力研究[J]. 中国科技论坛,2013(1):5-10.
③Ring P S, Van De Van. Developmental Processes of Cooperative Interorganizational Relationships [J]. Academy of Management Review,1994,19(1):90-118.
④葛宝山,王艺博. 孵化服务网络绩效的权变机理研究[J]. 吉林大学社会科学学报,2013,53(3):58-65.

成员在选择合作对象时面临的机遇越多①。

在网络结构演化方面，王国红等基于结构演化理论，认为孵化服务网络是一个具有无标度特征的复杂网络，其特点是孵化服务网络存在少数中枢节点，拥有比其他节点更多的连接关系，造成这种演化结构的原因主要归结于孵化服务网络存在的成长机制和优先连接机制；网络中存在的关系边权演化和知识态势等因素，影响孵化服务网络内部知识扩散选择过程和策略选择，提出侧重点不同、适应于不同阶段的三种策略：融合策略、保守策略和实用策略，这对孵化服务网络未来发展具有一定参考价值②。

2.1.4 孵化服务网络构建的相关研究

研究孵化服务网络的构建能够促使网络主体成员协同合作，集聚各方的创新资源，提高孵化能力和孵化绩效。因此，国内外理论界对于孵化服务网络构建的相关研究重视程度普遍较高，但侧重点有所不同。

国外的研究主要集中在孵化服务网络的构建的实践方面，对于构建实践的研究有助于发现并解决孵化服务网络运行和管理出现的问题，形成关于孵化服务网络构建的可操作性的经验。Anna 和 Charlotte 根据对瑞典 16 家孵化器的调研经验，总结出一套关于孵化服务网络有效运作和管理的框架，指出孵化服务网络高效运作的三个重要工作：入孵筛选、孵化支持和网络协调；在对不同的孵化业务涉及成员之间的关系进行协调时，要根据不同业务性质，采取柔性管理策略协调成员间合作关系；在构建孵化服务网络的过程中，高校、政府和孵化器等单位要保持密切合作，同时也不能失去在孵化服务网络中的独立性地位③。Tiago Ratinho 和 Elsa Henriques 通过对葡萄牙的孵化器实践进行调查后研究发现，孵化器、大学、政府之间建立的合作关系以及孵化器对孵化服务网络的控制管理是孵化服务网络有效运作的两个关键因素④。

国内学者在这一部分的研究主要集中在理论层面。大体上分为网络构建的动因和网络动态演变的方法和途径等方面。张力等从构建动因的角度出发，认

---

① 张宝建, 孙国强, 薛婷, 等. 网络结构对创业绩效的影响研究：基于中国孵化企业的调查分析 [J]. 中国软科学, 2015, 29（3）：5－8.
② 王国红, 周建林, 唐丽艳. 小世界特性的创新孵化网络知识转移模型及仿真研究 [J]. 科学学与科学技术管理, 2014, 35（5）：53－63.
③ Anna Bergek, Charlotte Norrman. Incubator best practice: a framework [J]. Technovation, 2008, 28（1－2）：20－28.
④ Tiago Ratinho. Towards a distinction between technology incubators and non-technology incubators: can they contribute to economic growth [C]. PLoS ONE, 2010（1）：38－49.

为在孵化服务网络的构建过程中,孵化器自身的组织架构和运营机制对孵化服务网络影响最大,同时提出孵化服务网络构建最大动因取决于孵化服务网络资源集聚程度[①]。苏敬勤等用动态演变的方法,详细阐述了科研院衍生网络、企业集团衍生网络和多主体联合衍生网络等三种孵化服务网络构建模式,这三种模式对应的网络特征、功能和结构表现不同,技术、资金、空间、服务、网络和制度等六要素是影响三种模式的共有因素[②]。

2.1.5 对文献的简要评价

本篇通过对国内外文献的梳理后发现,由于国外孵化服务网络实践开始较早,因此对于孵化服务网络的研究也先于国内;同时国内外学者在研究孵化服务网络时侧重点不同,国内学者对孵化服务网络的研究多数注重理论分析,运用相关孵化数据,对影响孵化服务网络的孵化绩效的相关因素进行实证分析,验证相关理论的理论价值,而国外学者则更加注重孵化实践研究,并善于从宏观角度进行经验总结,以求更好地为实践服务。

对于孵化服务网络的构建的研究,大多数文献都集中在孵化服务网络的绩效和网络化运行的结果方面,对于构建动因和途径的分析也缺乏相应的经济学解释。因此,研究尝试在合作的视角下,通过经济学的分析方法,引用多重人性的假设和超边际经济分析模型,分析了孵化服务网络构建的基础以及孵化服务网络自发构建和自我演化的动因,引入了市场失灵理论分析政府干预孵化服务网络构建的必要性和途径,同时通过对深圳市孵化服务网络的案例分析,概括出孵化服务网络构建中常见的问题,并针对这些问题提出相应的解决措施,为加快构建孵化服务网络,提高孵化效率和质量提供参考。

2.2 理论基础

2.2.1 合作基本理论

合作理论是现代经济学理论一个重要分支。根据合作的基本理论,经济主体合作的首要原因就是分享合作剩余,但是经济利益驱动并不必然产生合作,

---

① 张力,刘新梅,戚汝庆. 孵化器"内网络"的构建与扩张:结构模型与实证分析[J]. 科学学与科学技术管理,2012,33(9):5-12.
② 苏敬勤,周颖,洪勇. 高新技术孵化网络生成模式及要素研究[J]. 科学学与科学技术管理,2011,32(12):45-52.

合作需要权威来主导,"如果一个集团中的所有个人在实现了集团目标以后都能获利,由此也不能推出他们会采取行动以实现这一目标,即使他们都是理性的、寻求自我利益的。实际上,除非一个集团中人数很少,或者除非存在强制或其他一些特殊手段以使个人按照他们的共同利益行事,理性的、寻求自我利益的个人不会采取行动以实现他们共同的或集团的利益"①。主流经济学中对于合作理论研究主要集中在合作博弈理论和合作治理理论两个方面。

1. 合作博弈理论

合作博弈侧重于对合作行为动态博弈的研究,是人们的行为相互作用时,当事人通过谈判达成具有约束力的协议,它所强调的是团体理性,即效率、公正和公平。合作博弈各方在达成共同目标的条件下,通过谈判、分工、权衡利益,达到合作供给有效运行的状态。

2. 合作治理理论

合作治理是合作理论的组成部分,也是治理理论的一个重要分支。合作治理理论强调对合作的复杂性的治理,以共识为导向,旨在解决跨越部门资源的流通。目前,合作治理的研究重心主要集中在合作治理的协商过程、有效参与、联合行动的能力及其互益的互动。合作治理已被广泛运用于公共品供给等领域。

2.2.2 社会网络理论

社会网络理论提出较晚,最早应用于人类学研究,但随着社会网络在经济学中的运用,它在经济学领域中的地位越来越重要。社会网络理论是将社会关系网络界定为,不同的网络个体之间通过一定的方式相互连接所形成的三维空间网络②。

社会关系网络的基本要素是网络节点,社会网络节点之间的关系按照连接强度和连接持久性的不同可以分为强联系和弱联系两种,因此社会网络理论又可以细分为强相关优势理论和弱相关优势理论两种,其中,强相关优势理论(strength of strong ties)认为,网络结构中主体之间关系强度越强、互动频率越大,有利于双方之间信任关系的提升,实现以双方信任关系为纽带,加强双方在更高层次业务方面(如精深技术知识层面)的信息共享,解决企业面临的难题,提高企业发展能力和绩效③。弱相关优势理论(power of weak ties)认为,

---

① 曼瑟尔·奥尔森. 集体行动的逻辑 [M]. 上海:上海人民出版社,2014.
② 周建华. 企业孵化器网络构建与绩效评价研究 [D]. 长沙:中南大学,2011.
③ Krackhardt D. The strength of strong ties:the importance of philos in organizations [J]. Networks and Organizations:Structure,Form and Action,1992:216-239.

网络结构的主体异质性有利于网络成员通过与异质性成员联系，突破自身难以掌握某些信息知识的能力局限，适应不断变化的外部环境，提高生存能力[①]。信息不完备的情况下，社会个体往往依赖于个体之间以往的这种弱相关或强相关关系寻找其他的个体进行合作，在这种不断重复的过程中形成了一个立体交叉的社会关系网络。

社会网络理论中另一个具有代表性的观点是结构洞理论，该理论认为社会网络中存在"结构洞"，处于结构洞之间的节点被称作"桥"，这类节点在信息传递结构中处于优势地位，与其他处于信息劣势的节点比较具有更大的能动性，使得双方之间存在非对称信息博弈关系[②]。

2.2.3 网络组织理论

网络组织理论是近年来经济学领域分析区域创新现象时经常使用的工具，是20世纪80年代中后期从西方微观经济学发展而分离而来的，如今被广泛应用于创新领域。网络组织理论认为，网络是一个开放性的系统，网络组织中的个体互相交流并在交流中产生创新，网络组织中的个体利用外部资源并向外输出产品。网络组织被普遍解释为具有参与活动能力的行为主体，在参与活动过程随着资源的流动而形成的正式或非正式的关系总和[③]。网络组织也是一种制度安排，这种制度安排介于企业与市场之间，是独立个体或群体作为节点并通过不同的方式连接而成的[④]。

网络组织理论应用于不同领域时，就会表现为不同的形态，如当网络组织理论运用于企业领域时就是企业网络理论。企业网络理论认为企业网络是交易关系者通过各种经济利益联结而成的一种复杂多变的经济关系网络。企业网络具有结构性和关联性两个维度，结构性维度量了企业组织的机构，包括规范化、专业化、标准化、管理权限、复杂程度、集权与分权、员工比例等；关联性维度量了信息沟通程度，包括文化、环境、技术、规模等。企业网络的形成和演化是以经济利益为目标的。

2.2.4 网络治理理论

严格意义上来说，网络治理理论也是属于网络组织理论的一种，其与狭义

[①]Granovetter M S. The strength of weak ties [J]. American Journal of Sociology, 1973: 1360-1380.
[②]Burt R S. Structural Hole [M]. Harvard Business School Press, 1992.
[③]Hakanson, Senhota. Business Networks [M]. London: Routledge Press, 1995.
[④]孙国强. 网络组织的内涵、特征与构成要素 [J]. 南开经济评论, 2001 (4): 26-28.

上的网络组织理论的不同在于更侧重于网络个体间的关系治理。网络治理是一个有选择的、持久的和结构化的自治企业（包括非营利组织）的集合，这些企业以暗含或开放式契约为基础从事生产与服务，以适应多变的环境，协调和维护交易，并进一步指出这些契约是社会性联结而非法律性联结[①]。从组成来看，网络治理机制由互动机制与整合机制构成，前者是内生的而后者是外生的，二者具有动态性，在不断变化的环境中寻求阶段性的均衡[②]。信任是重要的网络治理机制。网络治理的主体是全体网络成员，治理的对象是网络组织，治理的方式是协同治理，治理过程是具有自组织特性的自我治理。

网络治理一般包括网络治理结构和网络关系治理两个层次。其中网络治理的结构传承于网络组织结构，侧重点是结构；网络关系治理则更强调网络主体的关系，是抑制网络中机会主义的有效途径。

2.2.5 交易成本理论

关于交易成本思想最早由科斯用来解释企业存在的意义及其边界大小，不管是市场、企业还是网络组织，都不可避免地存在交易成本。根据交易成本理论的观点，交易成本可区分为事前和事后的成本，其中事前成本包括交易对象及交易对手的信息搜寻成本，具体交易内容的协商谈判成本和制定交易条款的契约成本，事后成本包括交易执行成本，交易实施的监督成本和交易改变的转化成本及约束成本。

关于交易成本产生的原因和影响因素，主流交易成本理论认为，人性因素、与特定交易有关的因素和交易的市场环境因素是交易成本产生的决定因素。其中，人性因素不只是人的有限理性，也包括谋取最大利己利益的机会主义行为。与特定交易有关的因素可具体划分为资产专用性、交易不确定性和交易频率等三个方面。资产的专用性程度不仅是其自身用途的多寡，也包含人们对该项资产的利用程度，这种判断会影响使用者对它的投入成本；交易的不确定性使人们不得不衡量收益与风险之间的关系，交易是否能接受；交易频率则影响交易方式的相对成本，在相同条件下，熟人之间更易达成交易，而且交易成本更低。交易的市场环境因素则具体包括制度环境本身成本和交易难易程度等两个方面。人都处于一定的制度环境之中，人与人之间是否信任、交易惯例是怎样的、交易行为涉及哪些税等，这些都包含在制度环境成本之中；潜在交易对手的多少

[①] Jones C, Hesterly S W, Borgatti P S. A general theory of network governance: exchange conditions and social mechanisms [J]. Aeademy of Management Review, 1997, 22 (4): 42 - 44.

[②] 彭正银. 网络治理：理论的发展与实践的效用 [J]. 经济管理, 2002 (8): 23 - 27.

以及信息等资源流通的方便性，则直接影响着交易难易程度。

交易成本的产生及大小不仅影响合作交易效率，而且决定了网络组织的交易边界。根据交易成本理论的观点，网络组织是有交易边界的，它的交易边界就是网络内部交易的成本与网络成员对外交流成本相等的均衡点，交易成本理论决定了孵化服务网络也是一个具有边界的相对开放性的组织。

3 孵化服务网络微观结构

3.1 孵化服务网络相关概念的界定

3.1.1 孵化器

孵化器这一新的经济概念最早来源于美国[①]。不同的学者对孵化器的概念的界定略有不同。从组织的角度，孵化器可以定义为一种新型的社会经济组织，它可以通过为科技企业提供廉价的创业场所，同时提供创业管理和创业技术等方面的支持，使得科技企业的创业风险大大降低，存活率和创业成功率大大升高[②]。从创业的角度，孵化器可以定义为一个专门从事培育、扶植初创的中小企业发展的社会服务机构[③]。

不同学者对于孵化器的定义，虽然角度和侧重有所不同，但都能在某种意义上揭示孵化器的本质特征。此处将孵化器的概念界定为：孵化器是一种综合服务机构或网络平台，这种机构或平台能够依照科技企业的发展规律，最大限度地提供各个孵化企业发展所需的一系列信息、技术、资金等资源，帮助孵化企业快速成长，从而提高孵化成功率。

3.1.2 孵化服务

孵化服务是指孵化服务网络成员向孵化企业提供的各种专业化的服务，这些专业性的服务包括孵化空间支持（如提供廉价的办公场所）、孵化文化支持（如定期提供孵化器内各企业的交流）、孵化技术支持（如大学或科研院所的技术支持）、孵化融资支持（如来自孵化器内部和外部投融资服务机构的支持）、孵化人才支持（如定期举办各种人才培训等）和孵化管理支持（如通过建立一套管理体系对于孵化器入孵门槛和在孵企业进行管理，弥补孵化企业的管理弱

[①] 黄涛，李光. 我国科技企业孵化器研究现状综述 [J]. 中国科技论坛，2005 (2)：67 - 71.
[②] 曹细玉. 企业孵化器孵化能力评价研究 [J]. 科技进步与对策. 2001 (6)：13 - 14.
[③] 李刚，张玉臣，陈德棉. 孵化器支撑环境研究 [J]. 科学学与科学技术管理，2001 (6)：34 - 40.

势）等。这些专业化的服务既节省了孵化企业的成本，又增加了孵化企业的收益，能够有效地提高孵化企业的存活率和成功率。

3.1.3 孵化服务网络概念界定及特征

网络化是孵化器适应孵化需求多样化、顺应孵化产业发展的必然趋势，而孵化服务网络是科技企业孵化器在网络化趋势下发展到一定时期的必然结果。一般认为科技企业孵化服务网络是指嵌入当地社会经济环境中，以科技企业孵化器和在孵企业为核心节点，以政府、投融资机构、大学或科研院所、专业中介服务机构、竞争企业、供应商、客户企业等构成的超越节点的组织[①]。

孵化服务网络是企业孵化器适应孵化需求多样化，顺应孵化产业发展趋势的必然产物。作为孵化活动网络化发展的组织形态，孵化服务网络实际上是嵌入在社会资源结构和经济系统中，由孵化利益相关方构成的有机体。在这有机整体内，网络成员发生信息、能量和资源交流，其最终目的是集体合作生产孵化服务，孵化在孵企业。在培育在孵企业的过程，作为新型孵化组织模式，孵化服务网络有着与孵化要求相适应的网络特征。

1. 异质性

根据社会网络理论的观点，异质性是孵化服务网络主要特征之一。其异质性主要体现在成员构成和孵化性质两方面。在网络成员构成方面，异质性表现在孵化服务网络涉及地位、性质和作用等各异的成员，根据孵化服务网络的概念可知，孵化服务网络是由多个异质性的网络成员构成的。在孵化性质方面，异质性具体表现在孵化服务网络内发生的多种不同性质的孵化服务，随着孵化服务网络的不断发展，孵化企业对于孵化服务的需求日趋多样化和专业化，异质性的网络主体提供的孵化服务种类各异，这些异质性的不同孵化企业提供的异质性的孵化服务能够更好地为孵化企业提供孵化服务，提高其孵化成功率。

2. 动态性

孵化服务网络一旦建立，并非一成不变，动态性是孵化服务网络发展过程中所呈现的主要特征之一。首先，孵化服务网络构建成功后，为了满足不断产生的新的孵化需求，企业孵化器必须根据孵化环境的变化，动态地调整网络内各主体成员之间的关系，以在孵企业的孵化需求为导向，吸收引进新的资源，增强孵化服务网络孵化能力。其次，孵化服务网络发展过程中，网络节点成员及规模的动态性。不仅初创企业的加入和孵化企业的毕业及失败退出，还有其

[①] Hoang H, Antoncic B. Network – based research in entrepreneurship：acritical review [J]. Journal of Business Venturing, 2003, 17 (2)：1 – 23.

他网络成员的加入和退出，导致孵化服务网络的成员规模发生改变，打破旧有的利益平衡关系，建立新的竞合关系。

3. 协同性

孵化服务网络的运行是各主体成员进行孵化服务整合后，通过协同合作的方式为孵化企业提供孵化服务的过程。网络内部既有合作关系，也有竞争关系，多种关系的存在导致孵化服务网络的利益分配呈现复杂性的特点。孵化服务网络的运行必须建立一定的协调机制，妥善解决利益关系，使各方有效协同进行孵化资源交换，为孵化企业提供更好的孵化服务。孵化服务网络生产孵化服务能力的高低，很大程度上取决于孵化服务网络的各主体成员间合作的协同性。

4. 自组织性

孵化服务网络的自组织性表现在其是一个异质成员共存、资源开放循环的协同组织。首先，孵化服务网络内部不存在强制机制约束异质性成员的行为，而是遵循利益为导向的互动合作行为，孵化服务网络内各种关系交织在一起，形成一个多方协同的系统。其次，孵化服务网络内孵化资源是不断循环、开放的。由于孵化资源分布具有非均等性，而且每个个体对资源的使用效率也存在高低，在这种情况下，孵化服务网络需要通过相关机制，使得内部成员间及内外部主体间进行资源交换，让资源得到有效循环利用。

5. 共同规范性

孵化服务网络的共同规范性体现在孵化服务网络本身就是一个具有共同规范的网络。首先，孵化服务网络各成员加入网络的前提是在对孵化服务网络的发展战略、孵化方向和管理制度等方面的共同认可。其次，孵化企业的准入与退出是经过以企业孵化器为主导，兼顾各方意见建立的相关机制与办法考核。再次，孵化服务网络并非松散的，而是对成员间及集体合作有着一般规范性约束的组织。最后，网络各成员在孵化科技企业过程中，无可避免地会遇到利益纠纷。为了维护孵化服务网络的合作稳定性，需要由企业孵化器主导建立相关利益分配机制，解决合作纠纷。

3.2 孵化服务网络的组织结构

孵化服务网络是一个各组成要素和构成部分相互作用的有机整体，其具有与孵化功能相适应的结构。下面从成员构成、联结关系、结构层次和组织边界四个方面对孵化服务网络构成进行解读。

3.2.1 成员构成

异质性是孵化服务网络的主要特征之一。孵化服务网络是多种异质成员共存的网络。用不同的归类方法对成员构成进行分析，往往导致不同的归类结果。

从主要成员上分析，作为主导孵化服务网络发展的企业孵化器成员，主要起到协调各成员合作，集体生产孵化服务，孵化在孵企业；作为被孵化的孵化企业成员，主要是在孵化过程向各方反馈孵化需求，与各成员展开合作；作为政策引导的政府成员，主要起到在政策、立法、财政和税收等方面上支持孵化服务网络的持续发展；作为资金支持的投融资机构成员，主要提供资金满足于在孵企业成长过程的不同融资需求；作为知识支撑的高校及科研院所成员，主要为孵化活动中的企业孵化器和在孵企业提供管理、战略和培训等方面上的智力支持；作为提供专业服务的专业事务所成员，主要通过其在法律、税务和会计等方面上的专业经验，为合作生产孵化服务的各成员提供业务支持；作为协调政府和企业关系的行业协会成员，主要是协调、监督企业孵化器的孵化活动，为孵化行业的发展向政府寻求各种政策支持；作为提供其他辅助服务的其他中介成员，主要是为在孵企业的发展提供展会、广告和营销等方面的支持。

3.2.2 联结关系

社会网络理论认为，构成网络的这组人或事件称为"节点"①。节点是孵化服务网络的基本要件和重要组成部分，孵化服务网络中的不同节点随着信息、技术、资金等资源的流动在网络中发挥不同的作用。分析不同种类的节点性质和联结模式，能够了解这些节点的结网动机，是研究孵化服务网络构建动因的基础。周建华在其博士论文《企业孵化器网络构建与绩效评价研究》中对网络节点进行分类，他认为，孵化服务网络的节点主要可以分为行为节点和非行为节点两类，具体分类见表1-1。

网络节点是按照一定的模式联结起来的，驱动和影响孵化服务网络内部运行着的资源流、信息流、知识流、资金流、技术流、人才流和政策流等孵化资源的流动。不同节点之间联结模式与机制的好坏直接影响到孵化服务网络的运行效果和功能发挥。因此，有必要对孵化服务网络中的各个节点间的联结模式进行深入剖析，才能有效引导孵化服务网络的构建和协调运转。孵化服务网络节点的联结模式见表1-2。

---

① Mitehell, Clyde J. The concept and use of social Networks [A]. In social network in Urban Situations. Edited by J. C. Mitehell, Manehester, Eng: Manchester University Press, 1969.

表1-1 孵化服务网络节点分类

节点类型	细分类型	主要内容	主要作用	利益与动机	链接方式
行为节点	创新节点	孵化企业	创新	创新主体	孵化协议
	价值节点	科技企业孵化器	间接参与创新	网络核心	合作与竞争战略联盟
	智力节点	高校和科研院所	提供技术和人才支持	知识链接	产学研结合
	中介节点	专利事务所	专业化服务支持	信息和专业化服务链接	合约、合作
	引导节点	政府和行业协会	制度、政策、资金支持和引导	政策引导和方向导向	间接影响与直接参与
	资金节点	投融资机构	资金支持	资金链接	战略联盟、投资合约
非行为节点	人文节点（软节点）	区域文化背景环境	提供文化环境和创业氛围	渗透、影响网络效率	渗透
	基础节点（硬节点）	基础设施	提供创业和生活方便，提高效率	支撑网络发展	渗透

表1-2 孵化服务网络节点的联结模式

序列	联结类别	主要方式	主要作用功能
1	创新与创新节点	竞争与合作	相互学习，资源竞争
2	创新与价值节点	孵化服务	帮助创业成功，提高创业成功率
3	创新与智力节点	契约合作	提供智力（技术、人才）支持，提高技术成果转化
4	创新与引导节点	政策引导支持	提供优惠环境，支持创业，实现产业孵化
5	创新与资金节点	资金投入	提供资金支持，帮助创业，实现投资受益
6	创新与中介节点	专业服务	提供专业服务，协助管理，提高中介服务能力与影响力
7	价值与价值节点	竞争与合作	相互学习，相互补充，资源共享
8	价值与智力节点	战略合作	提高技术支持孵化能力，提高孵化成功率
9	价值与资金节点	战略合作	提高资金支持孵化能力，实现投资受益
10	价值与引导节点	政策与资金支持	培育创新活力，支持孵化器发展
11	价值与中介节点	战略合作	提升专业化服务能力，降低服务成本
12	引导与中介节点	政策支持	支持中介服务能力提升与参与孵化服务

续表1-2

序列	联结类别	主要方式	主要作用功能
13	引导与智力节点	政策支持	支持成果转化、激发人才参与科技创业
14	引导与资金节点	政策支持	支持投资活跃、引导参与科技创新投资
15	行为与非行为节点	相互影响	完善适宜科技发展的基础设施、营造科技创新企业的人文氛围

3.2.3 结构层次

根据社会网络理论的观点，孵化服务网络是一种社会网络，网络中大量存在异质成员，成员在网络中的地位、作用和重要性都不同，而且成员间的联结关系都不尽相同。这些因素的存在，使得孵化服务网络必然存在与之相适应的网络结构层次，以适应孵化服务的需要。

一般地，从孵化服务网络成员在孵化功能、孵化关系强度和孵化交易次数等三个方面的表现，我们可以将孵化服务网络各成员之间的关系细化为两个方面：一是孵化器和在孵企业之间即单个孵化器内部成员之间的关系，这种内部网络成员之间各主体是强相关的关系，关系强度强，互动频率大，网络主体双方之间信任度较高；二是孵化器（包括在孵企业在内）与外部各主体包括政府、投资机构、科研院所、中介服务机构、供应商等之间的横向网络关系，这种外部网络成员之间各主体是弱相关关系。Carayannis等关于网络型孵化器的概念，认为孵化服务网络作为异质性的网络表现出双层网络的独特结构。[1]

因此，可以将孵化服务网络结构分解为各自独立而又相互关联的内外双层网络。内层是内部网络，在孵化器内部由孵化器围绕孵化企业形成，由孵化器围绕孵化项目进行横向管理。外层是以孵化器为核心的各主体，即政府、投资机构、科研院所和中介服务机构等形成的外部网络。外层网络不同于内层，各主体间的连接更多地需要孵化器作为中介形成的契约机制[2]。孵化服务网络的结构如图1-1所示。

---

[1] Carayannis E, et al. High-technology spin-offs from government R&D laboratories and research universities [J]. International Journal of Technovation, 1998, 18 (1): 1-11.

[2] 王育新，刘晓冰，孙冰. 基于企业集群化的科技企业孵化器研究 [J]. 科学管理研究，2010 (7): 96-98.

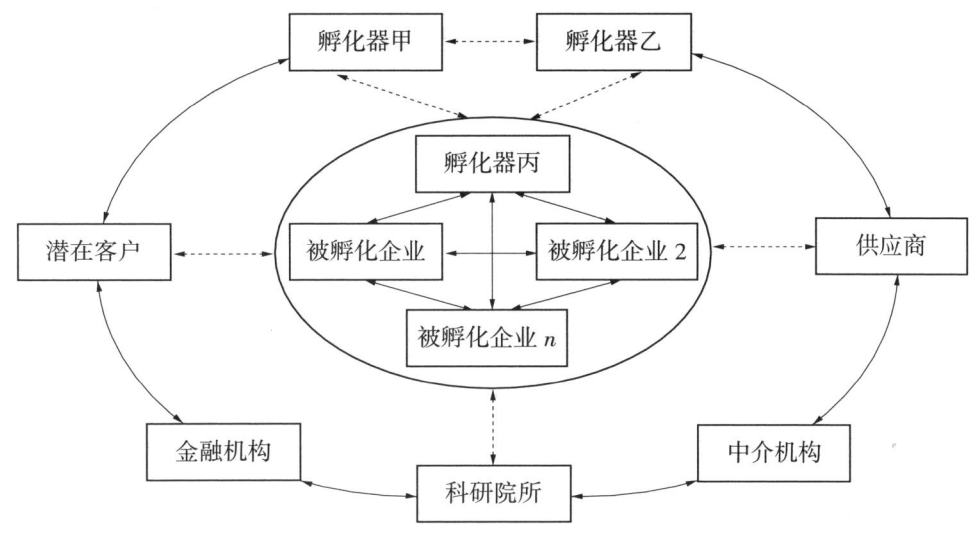

图 1-1　企业孵化服务网络的双层结构

3.2.4　组织边界

网络组织兼具网络特性和组织特性，是一种特殊的组织形态。网络组织的形成是一个逐渐演化的过程，随着演化过程的终结，网络组织也随之形成。根据交易成本理论、规模经济理论、制度经济学理论以及社会资本理论的观点，可以将网络组织的边界划分为交易边界、规模边界、制度边界以及社会资本边界四种[①]。

对于孵化服务网络而言，它既然是一种网络组织，则应该兼有网络和组织的双重特性，因此，在其不断演化而后达到稳定的状态时，也应该与网络外部成员间存在着一定的隔离边界，从组织边界的角度来说，孵化服务网络构建和演化的过程就是一个不断突破旧有边界、建立新边界的过程。

---

① 张帆. 网络组织的演化边界［A］. 中国系统工程学会青年工作委员会、国家自然科学基金委员会管理科学部. 系统工程与和谐管理：第十届全国青年系统科学与管理科学学术会议论文集［C］. 中国系统工程学会青年工作委员会、国家自然科学基金委员会管理科学部，2009：7.

4 孵化服务网络成员合作构建的基础

孵化服务网络各成员兼有经济人、社会人、复杂人的特性。作为经济人，他们追求的是经济效率和经济利益；作为社会人，他们追求的是社会需要、社会责任和情感交换；作为复杂人，他们追求的是多重需要的满足，除了经济利益，还有社会地位、社会声誉等需要。在多重人性假设下，作为有限理性的孵化服务网络各成员，在追求经济利益的同时还要考虑社会需要、社会责任、社会地位、社会声誉等，以期达到综合平衡。因此，我们可以从经济基础、政治基础以及社会情感基础三个方面研究孵化服务网络各成员间合作建立的基础。

4.1 孵化服务网络合作的经济基础

追逐经济利益最大化是理论界共同认可的孵化服务网络各成员间建立合作的经济基础。成员间为什么合作？主要原因就是分享合作的剩余。合作剩余是指网络成员在选择合作和不合作情况下的收益差额，是孵化服务网络成员间合作最主要的经济基础；对于孵化服务网络成员而言，他们合作生产孵化服务，产生孵化剩余，是合作的经济基础。

因此，在有限理性假设下，孵化服务网络成员通过对合作和不合作的期望收益进行比较分析，最终决定是否要建立合作。

由于孵化服务网络各成员之间的信息不对称，且合作和不合作的收益无法事先估量；同时，由于孵化服务网络是动态的，各成员之间合作是动态的，每一次合作收益也是不同的，经济效应无法被准确量化。基于此，本篇尝试从非量化性的视角寻找孵化服务网络各成员合作的动机。

4.1.1 范围经济效应

范围经济不同于规模经济，它是由范围优势带来的经济，即把两种产品合并生产的低于分别生产每种产品所需成本的总和。孵化服务网络各成员通过一个共同的"范围"使得各成员生产成本降低，而合作所具有的天然的范围经济优势促使各成员对于建立合作机制趋之如鹜。其优势表现在以下两个方面：

第一,从内层孵化服务网络层面来看,孵化器内部结网后,由于孵化服务是准公共物品,新进驻的企业也成为孵化服务资源的消费者,不仅增加了孵化器本身收益,也提高了孵化资源的重复利用率①,降低了孵化成本。同时孵化器的专业化和多样化也有助于减少不确定性,从而降低孵化风险。

第二,从外层孵化服务网络层面来看,孵化器与其他各主体间通过孵化服务网络实现更大范围的协同创新,表现为网络的形成不仅提高了效率,即孵化服务网络的全面协作效率高于多个创新主体的疏散分工效率,而且大大增加了服务的种类,使得网络中的孵化服务更加多样。

4.1.2 网络经济效应

网络经济是网络社会下出现的新名词,不同于单一的范围经济和规模经济效应,网络经济不仅包括结网后网络内部成员可以享受低成本的优势,而且包括网络成员之间通过复杂而多变的互动方式所带来的效应成倍增加。网络经济的优势产生于网络主体之间高度的相互依赖性②。

孵化服务网络中各成员要想获得网络经济所具有的优势,必须通过合作。孵化器、政府、投融资机构、大学和科研院所等主体形成的以科技企业孵化器为中心、高度依赖的合作关系,是获得网络经济效应的前提。

4.1.3 学习效应

孵化服务网络成员间学习效应,是指网络组织成员之间消化吸收各方知识,以此为基础创造出新的知识,并带动其他成员综合竞争能力的增长。学习效应从本质上说也是网络效应的一种,但由于其具有十分重要的作用,故在此单独说明。

对于内层孵化服务网络来说,在孵企业之间的相互学习,不仅能够在企业之间形成良好的竞争氛围,提高在孵企业生产积极性,还可以激发在孵企业的创造活力,形成更高水平的技术,提高孵化效率,降低孵化风险。对于外层孵化服务网络来说,学习效应能够降低交易成本,提高网络成员参与度,促进知识成果商业化,从而获得更大的经济效益③。

---

①王育新,刘晓冰,孙冰. 基于企业集群化的科技企业孵化器研究[J]. 科学管理研究,2010(7):96-98.

②Hansen M T, Chesborough H W, Nohira N, et al. Networked incubators hothouses of the new economy[J]. Harvard Business Review,2000,78(5):74-84.

③卢福财,胡平波. 基于竞争与合作关系的网络组织成员之间的知识溢出效应分析[J]. 中国工业经济,2007(9):79-86.

4.1.4 外包专业化经济效应

（1）分工经济和专业化经济效应，是指因技术水平的差异而进行的分工和专业化生产所产生的经济收益的增加。对于不同的孵化服务网络成员而言，他们提供孵化服务的技术水平也不是一致的，有的可能只擅长提供一种孵化服务，在有限理性的假设下，根据效用最大化原则；有的可能选择专业化提供一种孵化服务，而由这种专业化和分工提供孵化服务所产生的经济收益的增加，就是孵化服务网络的分工和专业化经济效应。

（2）外包经济效应。外包是经济主体将先前由内部实现的活动通过一定的方式（如契约等）交与其他经济主体完成的市场组织形式。外包是通过将内部活动的市场化来提高发包方的专业化水平。外包活动起因主要是业务职能的专业化所致[①]。当外包后产生的好处大于交易费用损失时，外包发生；反之，则不发生。

孵化器作为孵化服务网络的主导成员，为孵化企业提供孵化服务，而对于孵化器本身而言，往往在一定程度上也是要追求成本最小化和利益最大化的。孵化企业所需的种类繁多的服务往往令孵化器"压力倍增"，孵化器将孵化企业需要的服务外包给其他成员，结成孵化服务网络，使得这一问题得到解决。随着孵化器由一体化的"全能"孵化器向以外包为手段的孵化服务网络的转变，孵化器管理者们往往将本身所应做的服务（如财务方面的）外包给相应的专业机构（即孵化服务网络其他成员），接包的机构专门提供某种服务，进行专业化的生产，实现专业化经济效应，而实现专业化生产的孵化服务网络成员则再经过孵化器达成交易，形成了专业化成员组成的孵化服务网络。只是这种外部性，使得孵化服务网络成员在集体孵化合作中，一定程度地减少了各方不必要的孵化成本。

4.2 孵化服务网络合作的制度基础

降低制度成本是孵化服务网络各成员之间建立合作机制的一个重要原因。因此，孵化服务网络各成员在建立合作机制时必须考虑制度因素，其中，最重要的制度因素包括交易费用、信任和政策保障。

---

① 卢锋. 我国承接国际服务外包问题研究［J］. 经济研究，2007（9）：49-61.

4.2.1 降低交易成本

交易成本是制度选择的核心,从交易成本的视角看,一种制度的优越性就体现在这种制度对交易成本的节约,以及在此基础上制度运行效率的提升。信息不对称以及有限理性的假设导致孵化服务网络各成员在决策过程中必然会产生交易成本。在孵化合作网络建立之前,孵化器从外界通过交易获得外部社会资源的交易成本过高,而合作可以有效降低交易成本。孵化服务网络各成员建立合作机制,使得合作后的合作收益与交易成本间的差额大于不合作时的合作收益与交易成本之间的差额,从而降低交易成本,打破制度障碍。

4.2.2 信任提高合作水平

信任是合作的指示器和黏合剂,高信任会增强孵化服务网络各成员建立和维持合作的意愿,并使之付诸实施[①]。随着孵化服务网络各成员间相互信任程度提高,相互之间了解与认可程度的加强,不仅能够简化谈判过程、推动建立非正式监督系统、节约监督成本,而且能够增强各成员行为的可预测性,从而降低违约风险,有效防止各成员道德风险和机会主义行为。可以说,信任是孵化服务网络各成员之间合作关系建立和维系的必要基础。而当孵化服务网络建立后,信任又可以维持并提升孵化服务网络成员间的合作水平,从而产生制度效应。

4.2.3 容易获得政府支持

政府和政策在孵化服务网络中具有重要作用[②],孵化服务网络的形成和发展离不开政府资源和相关政策的支持、调整和实施。政府通过实施优惠政策,对某些资本投资规模和开发风险较大的项目给予特别支持,通过实施税收减免政策鼓励中小企业创新,将极大吸引其他成员加入。同时,政府公信力可以充当信任的媒介,政府的良好社会信誉也可为各成员之间的信任程度提供担保,从而打破制度壁垒,为孵化服务网络各成员间合作机制的建立提供政策保障和制度支持。

[①] 关鑫,高闯,吴维库. 终极股东社会资本控制链的存在与动用:来自中国60家上市公司的证据[J]. 南开管理评论,2010(6):97-105.

[②] 姜明辉,牛晓姝. 政府在区域创新网络中的角色定位[J]. 学习与探索,2005(4):214-216.

4.3 孵化服务网络合作的社会情感基础

孵化器作为一种类似俱乐部,但又具有一定公益性的"集体资源",并不是单纯追求利益最大化的。以孵化器为中心的孵化服务网络,在某种程度上是以"声誉、友谊、互赖和利他主义的套带组成的网络关系"①,其形成和发展也不单纯追求经济利益。孵化服务网络各成员之间,由于各自身份的复杂性,追求的利益也不尽相同,不仅包括以金融投资机构为代表的主要以经济利润和投资回报为目的的一方,也包括以政府和孵化器为代表的主要以社会需要和社会价值为目的的一方,同时各成员方之间也存在着普遍的利他行为。概括而言,孵化服务网络各成员在建立合作机制的过程中不仅要考量经济因素、制度因素,还要考虑社会情感因素,即社会需要和社会价值。在这里最重要的社会因素则是社会责任与社会声誉。

4.3.1 承担社会责任

社会责任是指一个经济主体对其身处的经济社会应负的责任,其目标是追求社会价值,即对社会有利。孵化服务网络成员以适当逐利和追求社会价值作为长期目标。例如,政府作为孵化服务网络中的引导节点,其主要目标并不是经济利益,而是社会价值。以孵化器为核心的孵化合作网络的正常运行,实现初创企业顺利创办及健康成长,不仅能够增加就业机会,还能够鼓励创新,加速社会向创新型转变。现阶段作为孵化服务网络领导者的孵化器,国有成分占了较大比重,同时也就相应承担了更多的社会责任。

4.3.2 提高社会声誉

社会声誉是孵化服务网络各成员合作能够建立的另一重要社会因素。声誉机制并非网络组织的专有机制,但合作网络使得声誉机制能够发挥出更大优势。孵化服务网络成员通过建立合作机制形成一个相互依存、高度依赖的社会网络,能够在很大程度上提高网络成员的社会影响力,提高其社会声誉。例如,孵化器可以通过孵化服务网络提高自己的社会影响力,吸纳更多的创业企业进驻孵化,同时网络的建立能够提高孵化器的孵化效率,提高孵化成功率,高孵化成功率又可以促进其社会声誉的提高。

---

① 孙国强. 关系、互动与协同:网络组织的治理逻辑 [J]. 中国工业经济, 2003 (11):14-20.

为了更直观地考察社会因素对孵化服务网络各成员间合作机制建立的影响,我们将追求社会责任和社会声誉等社会因素所带来的效用简单量化为内在的"社会报酬",而将经济因素所带来的经济效用也简单量化为外在的"经济报酬",并以经济报酬 R 为横轴,社会报酬 S 为纵轴画出无差异曲线,如图 1-2 所示。

无差异总报酬曲线 A,B 及其对应的 S 和 R 的任意组合即为各成员方合作的建立与维系条件。不难看出,社会交换和经济交换之间具有小幅度的替代作用。

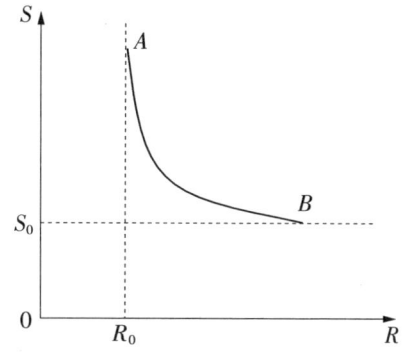

图 1-2 合作过程中内在经济报酬和外在社会报酬分布

4.4 孵化服务网络合作模型及修正

4.4.1 简单孵化服务网络合作模型

综合上述对孵化服务网络各成员间合作机制构建基础的系统分析,可以得到一个涵盖了经济因素、制度因素和社会情感因素的孵化服务网络合作模型:

$$CI = g(f_1(NR_1, NR_2), TC, CE, T, IE, f_2(PN_1, PN_2)) \tag{4.1}$$

其中,CI 代表孵化服务网络各成员间的合作机制,NR_1 和 NR_2 分别表示两个代表性的成员双方建立合作的净收益,TC 表示双方未建立合作时的交易费用,CE 表示双方建立合作后的效率,T 表示双方相互信任程度,IE 表示政府和政策环境,PN_1 和 PN_2 分别表示双方的社会需要。函数 $f_1(NR_1, NR_2)$ 表示满足双方净收益同时最大化或次优的条件,即在合作中双方实际净收益要大于或等于双方的预期净收益值,函数 $f_2(PN_1, PN_2)$ 表示双方在社会情感交换过程中需要同时被满足的条件。函数 $g(\cdot)$ 表示孵化服务网络成员间合作能够建立并维系下去的基本条件。

需要注意的是,孵化服务网络成员间的合作机制并非静态的,而是一个动态的不断演化过程。随着模型中关键变量的变化,各成员间合作程度也会发生相应变化。换言之,孵化服务网络各成员之间合作是在自我价值与经济利益共同驱动下的均衡结果。一旦合作模型中某些关键变量发生恶化并低于成员可接受的预期,其合作将无法维持。例如,政策环境恶化导致风险投资撤资从而造成孵化服务网络的断层甚至破裂。

4.4.2 孵化服务网络合作模型的时间修正

根据孵化服务网络各成员间合作的动态变化结果，可以将合作分为短期合作和长期合作。如果各成员之间的合作很短一段时间就终结，属于短期合作。反之，如果各成员间合作能够持续较长的时间，则属于长期合作。所以，对于上述模型，需要从时间维度做出修正。

（1）短期合作模型。从短期合作的特征看，孵化服务网络各成员之间的逐利倾向更明显，信任和社会情感的交换同时控制在中等水平或低等水平，各成员间合作的构建仅仅是为了追求实际净收益的最大化、交易费用的最小化和较高的决策效率。故 T，IE，$f_2(PN_1, PN_2)$ 分别取一个常数值，且其对函数 $g(\cdot)$ 的影响可以忽略不计。此时，各成员间合作模型可以简化为

$$CI_1 = g_1(f_1(NR_1, NR_2), TC, CE)$$

式中，CI_1 代表孵化服务网络各成员间的短期合作。根据假定条件，当合作一段时间后，孵化服务网络各成员开始对社会责任的需要和对社会声誉的重视程度越来越高时，短期合作的均衡就会被打破，一种可能就是合作终止，另一种可能就是向长期合作模型演化。

（2）简单长期合作模型。从长期合作的特征看，孵化服务网络各成员在适当的逐利假设下，更注重相互间的高信任和高社会情感交换。因此，可将合作给各成员带来的实际收益和合作效率假定在一个适当的中高水平，将交易费用假定在一个较低水平，同时，令 IE 取一个常数值，则孵化服务网络各成员间的合作模型将简化为

$$CI_2 = g(T, f_2(PN1, PN_2))$$

式中，CI_2 代表孵化服务网络各成员间的长期合作，从长期合作模型来看，成员间的社会情感交换对经济交换产生了小幅度的替代作用。因此，成员间经济交换的合作剩余只需维持在一个中高水平上即可，而非最高水平。

综上所述，由于孵化服务网络构建模式不同以及处于动态变化中，孵化服务网络合作模型并不是一成不变。因此，对于不同的孵化合作网络，我们要根据实际情况不断修正合作模型，以期更好地为实践服务。

5 孵化服务网络的自发构建和自我演化

孵化器与孵化服务网络的本质区别在于在为孵化企业提供一系列硬服务和软服务的过程中是否存在分工，即是由孵化器作为全能型孵化器还是与其他孵化服务网络的成员组成孵化服务网络为孵化企业提供孵化服务，从而降低孵化风险，提高科技企业的存活率和创业成功率。而这里的分工就是"孵化服务外包"，即孵化器把原先由自己直接生产的各类孵化服务外包给众多专业化的第三方，专业化的第三方生产类似中间产品的零星孵化服务，孵化器再把各种零星孵化服务组成类似最终产品的孵化服务包提供给孵化企业，孵化器专业化成为链接孵化资源的中心节点。

因此，找到企业孵化服务网络的自发构建和自我演化的关键在于比较分工，即"孵化服务外包"前后的效用是否一致，若分工后产生的效用大于分工之前，则由孵化器向孵化服务网络演化，反之，则由孵化器作为全能型孵化器提供所有的孵化服务。

为获得分工前后的效用对比情况，下面引入超边际分析方法探讨网络成员效用最大化目的下孵化服务网络的构建的内因和演化路径，分析孵化器如何从一体化的"自给自足"状态发展成为庞大的、由众多专业化服务机构组成的孵化服务网络的过程，目的是获得孵化服务网络构建的动力，为推动构建以孵化器为中心节点的孵化服务网络提供理论指导。

5.1 全能型孵化器、孵化服务外包和孵化服务网络

5.1.1 从全能型孵化器到孵化服务网络的过程

全能型孵化器的特点是一体化，由孵化器为孵化企业提供它们所需要的所有资源、资金和知识等孵化服务，孵化器是孵化服务的唯一供给方，孵化企业所需的孵化服务全部由孵化器直接提供。若我们把孵化器看作是一个"企业组织"，每个孵化企业就是这个企业组织中的相应部门，此时的企业组织是自给自足的。

孵化服务外包是指孵化器在为入孵企业提供孵化服务的过程中，整合利用外部的专业化孵化资源，将一些由孵化器内部提供的孵化服务以购买服务的方式外包给专业化的服务提供商，从而充分发挥自身核心竞争力以降低成本、提高效率的一种管理模式[①]。从分工和专业化角度，孵化服务网络一开始是不存在的，而是孵化服务生产的分工和专业化产物，是从双边孵化服务资源外包开始，走向多边孵化服务外包，最后才形成孵化服务资源外包网络[②]，在某种程度上可以说是孵化器不断地把孵化服务外包给专业化机构的产物。表1-3就是孵化器将孵化服务外包给专业化机构生产的演变过程。

表1-3 孵化服务外包演变过程

	双边资源外包	多边资源外包	资源外包网络
参与主体	两个	多个	多个
交易费用	依次增加		
生产费用	依次减少		
专业化程度	依次提高		

5.1.2 孵化服务外包的分工和专业化角度解析

从分工和专业化的角度，若将孵化服务网络成员各方为孵化企业提供的零星孵化服务看成是组成孵化服务包的"一个零部件"，孵化器则是将各种零部件（零星孵化服务）组成最终产品——"孵化服务包"提供给孵化企业的核心节点，类似于主导网络的总装配，那么，全能型孵化器则是最简单的双边资源外包（参与主体为孵化器和孵化企业）的一种，孵化服务网络则实质上是资源外包网络的一种，而介于全能型孵化器和孵化服务网络之间的各成员方的集合就是普通的多边资源外包，其特征是参与主体已经不再限于孵化器和孵化企业，但还未形成统一的外包网络。在这当中，政府、投融资机构、大学或科研院所、中介服务机构、竞争企业、供应商、客户企业等都可以看作是生产零部件（零星孵化服务）的一个外包商。这样，我们就可以这样看待孵化服务网络：网络是由孵化器主导的，孵化器在自身提供具体的孵化服务的同时，将专业化服务外包给其他成员，由其他网络成员提供技术更专业的孵化服务，网络的其他成员会根据孵化器要求，或者自己生产，或者再外包给其他企业来完成，最后由

---

① 卢锋. 我国承接国际服务外包问题研究[J]. 经济研究，2007（9）：49-61.
② 孙大鹏，苏敬勤，张莹莹. 资源外包网络的形成路径研究[J]. 科研管理，2005，26（6）：73-79.

孵化器把各种零星孵化服务总装成最终产品——孵化服务包，提供给孵化器内的孵化企业。

分工和专业化理论为我们分析一体化的全能孵化器向孵化服务网络演进提供了定性分析的基础，而超边际分析方法则为定量分析提供了可能。根据专业化理论，孵化器在为入孵企业提供服务的过程中首先要选择专业化水平，即是否采取专业化生产，其中非专业化的生产组织意味着"一体化"生产，即全能孵化器自给自足来提供孵化服务，而专业化的企业生产模式则意味着孵化器通过市场交易向其他服务组织购买专业化的服务或者与专业化的服务组织组建服务联盟进行生产。在自给自足的一体化生产中，不存在专业化经济，具有决定性意义的因素是生产成本，生产效率低下是这种生产可能存在的问题；引入专业化分工，孵化器既可以通过市场交易购买相关零星孵化服务建立多边资源外包优势，也可以在议价机制下组建服务联盟建立孵化服务网络，在服务和资源共享的基础上实现专业化分工的学习效应和经济效应。当然，交易费用的产生是专业化选择的必然，而交易费用以及交易的属性则决定了孵化器会是选择自给自足一体化生产、利用市场进行交易建立多边资源外包，还是选择组建联盟建立孵化服务网络。

5.2 孵化服务网络自我演化的理论模型假设

5.2.1 将孵化器与孵化企业看作一个整体

孵化器与孵化企业是一个"企业组织"。将孵化器与在孵企业看成一个整体的企业组织，孵化企业是这个企业组织的各个部门。

孵化器的存在本身就是为孵化企业提供外包服务的，当然可以建立相应的超边际模型，这样我们就要建立双重的超边际模型。但实际上孵化器的建立提高了在孵企业的绩效已经众所周知，为了简化模型，本篇将孵化器与孵化企业看成一个整体，孵化器是一个企业组织，而孵化企业是这个企业组织的各个部门。

5.2.2 孵化器与孵化企业共同构成的"企业组织"是孵化服务网络的主节点

将孵化器与孵化企业共同构成的企业组织看作是孵化服务网络的主节点，该企业组织将孵化企业所需要的服务（包括资源、资金、知识、中介服务等）外包给孵化服务网络中的其他成员，其他成员提供的零星孵化服务为中间产品，由该企业组织将这些服务合成为"孵化服务包",作为最终产品提供给孵化企业。

5.2.3 网络成员追求效用最大化

这里提到的效用最大化不仅包括由孵化器和孵化企业构成的"企业组织"最大化,也包括其他孵化服务网络成员的效用最大化。不仅包括个体效用的最大化,也包括技术联盟整体效用的最大化,即网络各个成员都以效用最大化为主要目标。

5.2.4 孵化服务外包与交易费用之间的冲突内生

分工和专业化虽然能够提高交易效率,但也会引起交易的发生,从而产生交易费用。当因分工而获得的好处大于交易费用时,交易是有利的;反之,交易就得不偿失①。

5.3 孵化服务网络成员的决策函数和决策行为

假设孵化器与孵化企业共同构成的"企业组织"为企业1,孵化服务网络中其他各成员的任一或联合为企业2,企业1和企业2共同生产最终产品——孵化服务包M。最终产品的生产需要另外两种中间产品x和y(如资源、资金、信息、中介服务等各种零星孵化服务)作为投入。其中,企业1能生产最终产品必需的中间产品——零星孵化服务x,成本为C_{1x};企业2能生产最终产品的某一项必需中间产品——零星孵化服务y,成本为C_{2y}。同时,企业1可以自己生产必需的零星孵化服务y,生产成本为C_{1y},且$C_{1x} < C_{1y}$;同理,企业2也可以自己生产零星孵化服务x,成本为C_{2x},且$C_{2y} < C_{2x}$。此时,企业1生产新产品的生产函数为

$$x_1^p = x_1 + x_1^s = l_{1x} - C_{1x} \tag{1}$$

$$y_1^p = y_1 + y_1^s = l_{1y} - C_{1y} \tag{2}$$

$$l_{1x} + l_{1y} = 1 \tag{3}$$

式(1)~式(3)中,x_1和y_1代表企业1自己生产零星孵化服务x和y的量,x_1^s和y_1^s代表企业1在市场上售出的零星孵化服务x和y的量;l_{1x}和l_{1y}是企业1的资源禀赋(劳动力等)份额,即相应的专业化水平,$C_{1x} < C_{1y}$表明企业1

---

① 江小涓.服务全球化与服务外包[M].北京:人民出版社,2008.

在生产零星孵化服务产品 x 上具有专业化经济。同理，企业 2 也有如式（4）和式（5）的生产函数。

$$x_2^p = x_2 + x_2^s = l_{2x} - C_{2x} \qquad (4)$$

$$y_2^p = y_2 + y_2^s = l_{2y} - C_{2y} \qquad (5)$$

$$l_{2x} + l_{2y} = 1 \qquad (6)$$

其中，$C_{2y} < C_{2x}$，表明企业 2 在生产零星孵化服务 y 上具有专业化经济，则企业 1 和企业 2 的效用函数为

$$u_1(x_1 + kx_1^d)(y_1 + ky_1^d) \qquad (7)$$

$$u_2(x_2 + kx_2^d)(y_2 + ky_2^d) \qquad (8)$$

x_1^d 和 y_1^d 表示企业 1 在生产最终孵化服务包的过程中对两种零星孵化服务的需求量。由于市场交易产生交易费用，所以一旦发生市场交易，实际交易就有损失①，式（7）和式（8）中的 k 指交易效率系数，则 $1-k$ 即为交易费用系数（即单位交易费用）。假设在企业孵化器中 k 的值要比在正常的市场交易机制上高，同时，假设孵化器在帮助创业企业吸取外界差异产品中的能力是不同的，因此不同产品所对应的 k 是不同的，为简化计算，下面忽略不同产品对应的交易效率系数的差异。

由于企业在市场交易的过程中要达到均衡，为此，可以建立企业 1 和企业 2 的预算约束为

$$p_x x_1^s + p_y y_1^s = p_x x_1^d + p_y y_1^d \qquad (9)$$

$$p_x x_2^s + p_y y_2^s = p_x x_2^d + p_y y_2^d \qquad (10)$$

式（9）和式（10）中的 p_x 和 p_y 分别表示作为中间产品的零星孵化服务 x 和 y 的市场价格。基于上述分析，企业 1 和企业 2 需要在不同的生产条件和专业化水平下进行决策，达到效用最大化。而实质上就是对于上述构建的超边际模型，以式（7）和式（8）的效用最大化为目标，同时满足式（9）和式（10）的约束，是一个典型的非线性规划模型，而且这个非线性规划有别于传统的非线性规划，这个决策的过程是不可能像其他非线性规划一样一步到位。根据杨小凯的理论②，这是个典型的超边际问题。那么依照文定理③：最优决策下，企业不可能同时对同种产品进行买卖，不可能同时卖两种商品，并且不能同时买

---

① 庞春. 一体化、外包与经济演进：超边际 - 新兴古典一般均衡分析 [J]. 经济研究，2010（3）：114 - 128.
② 杨小凯. 发展经济学：超边际与边际分析 [M]. 北京：社会科学文献出版社，2003.
③ "文定理" 是新兴古典经济学模型的理论前提，其大意是说，任何一个生产——消费者都只生产一种产品，不会生产和购买同种产品，也不会买和卖同一种产品。

和生产同种商品，同时利用库兹塔克条件进行排除，最后可以分为以下三种决策模式。

5.3.1 没有市场交易，企业自给自足

在这种模式下，企业1选择自己提供零星孵化服务 x，并独立提供零星孵化服务 y，企业2也同样选择自己提供 y 并独立生产 x，此时，企业1和企业2能够自给自足，不涉及市场的交易。

首先对于企业1来说，此时有 $x_1^s = x_1^d = y_1^s = y_1^d = k = 0$，企业1的决策为

$$\max u_{1A} = x_1 y_1 \tag{11}$$
$$\text{s.t.} \quad x_1 = l_{1x} - C_{1x} \tag{12}$$
$$y_1 = l_{1y} - C_{1y} \tag{13}$$
$$l_{1x} + l_{1y} = 1 \tag{14}$$

企业2在此模式下有 $x_2^s = x_2^d = y_2^s = y_2^d = k = 0$，其决策为

$$\max u_{2A} = x_2 y_2 \tag{15}$$
$$\text{s.t.} \quad x_2 = l_{2x} - C_{2x} \tag{16}$$
$$y_2 = l_{2y} - C_{2y} \tag{17}$$
$$l_{2x} + l_{2y} = 1 \tag{18}$$

把约束条件带入目标函数中，根据拉格朗日法则，可得该决策模式下的最大化效用，见表1-4。

5.3.2 企业专业化生产一种零星孵化服务

随着分工的出现和专业化程度加深，企业选择专业化生产一种具有比较优势的零星孵化服务，并通过市场交易获得另一零星孵化服务，建立多边资源外包。

该模式下，企业1选择专业化生产自己具有相对生产优势的零星孵化服务 x，并通过市场交易购买最终产品生产所需要的零星孵化服务 y，此时，企业1有 $x_1^d = y_1 = y_1^s = l_{1y} = 0$（企业1专业化提供产品 x，所以花在产品 y 的资源就为0），相应的决策为

$$\max u_{1B} = x_1 k y_1^d \tag{19}$$
$$\text{s.t.} \quad x_1 + x_1^s = l_{1x} - C_{1x} \tag{20}$$
$$l_{1x} = 1 \tag{21}$$
$$p_x x_1^s = p_y y_1^d \tag{22}$$

同理，企业2有 $y_2^d = x_2 = x_2^s = l_{2y} = 0$，相应的决策为

$$\max u_{2B} = y_2 k x_2^d \tag{23}$$

$$\text{s.t.} \quad y_1 + y_2^s = l_{2y} - C_{2y} \tag{24}$$

$$l_{2y} = 1 \tag{25}$$

$$p_y y_2^s = p_x x^d \tag{26}$$

根据超边际的求解法，可以解出企业 1 和企业 2 相应的决策解，见表 1-4。

5.3.3 组建服务联盟

随着需求专业化程度加深，企业 1 和企业 2 通过组建服务联盟建立孵化服务网络。企业 1 专业化生产零星孵化服务 x，企业 2 专业化生产零星孵化服务 y，双方资源和服务共享，利用纳什议价机制进行决策，使得双方效用乘积最大化，此时有

$$y_1 = y_1^s = x_2 = x_2^s = x_1^d = y_2^d = l_{1y} = l_{2x} = 0, k = 1$$

上式表明，企业 1 和企业 2 分别专业化生产产品 x 和 y，即企业 1 生产具有相对生产优势的零星孵化服务 x，企业 2 生产具有相对生产优势的零星孵化服务 y，而且双方的交易效率很高。此时的决策问题为

$$\max u = u_1 u_2 = x_1 y_1^d x_2^d y_2 \tag{27}$$

$$\text{s.t.} \quad x_1 + x_1^s = 1 - C_{1x} \tag{28}$$

$$y_2 + y_2^s = 1 - C_{2y} \tag{29}$$

$$p_x x_1^s = p_y y_1^d, \ p_y y_2^s = p_x x_2^d \tag{30}$$

由拉格朗日法则求解，可得企业 1 与企业 2 的效用，见表 1-4。

表 1-4 不同决策模式下的最大化效用解

模式	效用
企业 1 独立生产	$u_{1A} = \dfrac{(1 - C_{1x} - C_{1y})^2}{4}$
企业 2 独立生产	$u_{2A} = \dfrac{(1 - C_{2x} - C_{2y})^2}{4}$
企业 1 专业化提供 x，通过市场购买 y	$u_{1B} = \dfrac{kp_x (1 - C_{1x})^2}{4 - p_y}$
企业 2 专业化提供 x，通过市场购买 y	$u_{2B} = \dfrac{kp_y (1 - C_{2y})^2}{4 - p_x}$
组建服务联盟	$u_1 = u_2 = \dfrac{(1 - C_{1x})(1 - C_{2y})}{4}$

5.4 孵化服务网络成员各种决策的分析比较

根据分工和专业化理论的观点，企业对于三种决策模式的选择实质上就是对专业化程度的选择。通过对比可发现，对于企业 1 来说，在效用最大化为最终的价值判断标准的条件下可以做出最优策略选择。

5.4.1 选择"自给自足"的全能孵化器策略模式

企业选择自给自足的模式，即做出选择以一体化为代表的全能孵化器，这种策略选择的充分条件是，在没有市场交易的情况下，企业 1 的效用大于另外两种模式下企业 1 的效用，即 $u_{1A} > u_{1B}$，$u_{1A} > u_1$。此时，可能是由于专业化分工不明显，或者是交易费用系数过大，分工经济所带来的收益小于增加交易费用所增加的成本，企业采取分工经济是不明智的，自给自足、自己生产所有的孵化服务、做成全能的孵化器是上上之选。

5.4.2 选择专业化生产一种零星孵化服务策略模式

企业专业化生产某种零星孵化服务，并通过市场交易获得另一零星孵化服务的策略选择，企业做出这种选择的前提是，企业 1 所获得的效用大于另外两种条件下所获得的效用，即 $u_{1B} > u_{1A}$，$u_{1B} > u_1$。这时，孵化器专门生产某种（类）对自己而言低成本高效率的孵化服务，外包或采购自己生产处于比较劣势的孵化服务。

5.4.3 选择组建服务联盟策略模式

企业 1 和企业 2 选择组建服务联盟，即专业化分工为代表的孵化服务网络模式。对于企业 1 来说，要选择建立孵化服务网络并进行资源、服务等的共享，需要条件 1（专业分工经济下效用应大于自给自足的效用）和条件 2（组建孵化服务网络的效用要大于自给自足或通过市场购买具有比较劣势的服务时的效用）同时满足，即 $u_1 > u_{1A}$，$u_1 > u_{1B}$，$u_{1A} > u_{1B}$。即

$$\frac{(1-C_{1x})(1-C_{2y})}{4} > \frac{(1-C_{1x}-C_{1y})^2}{4} \tag{31}$$

$$\frac{(1-C_{1x})(1-C_{2y})}{4} > \frac{kp_x(1-C_{1x})^2}{4-p_y} \tag{32}$$

$$\frac{(1-C_{1x}-C_{1y})^2}{4} > \frac{kp_x(1-C_{1x})^2}{4-p_y} \tag{33}$$

令 $p = \dfrac{p_x}{p_y}$，即零星孵化服务 x 和 y 的相对价格。根据瓦尔拉斯机制，企业购买和卖出零星孵化服务时的效用相等，所以有 $\dfrac{kp_x(1-C_{1x})^2}{4-p_y} = \dfrac{kp_y(1-C_{2y})^2}{4-p_x}$，可得 $p = \dfrac{1-C_{2y}}{1-C_{1x}}$，据此可以解出式（31）、式（32）、式（33）并带入 p 化简得 $\dfrac{(1-C_{1x}-C_{1y})^2}{(1-C_{1x})(1-C_{2y})} < k < 1$，且

$$(1-C_{1x})(1-C_{2y}) > (1-C_{1x}-C_{1y})^2 \tag{34}$$

式（34）为企业 1 选择建立孵化服务网络的条件，表明企业 1 是否建立孵化服务网络与企业 1 生产 x 和 y 的成本、市场的交易效率以及企业 2 提供产品 x 的成本相关，即在市场交易效率一定的条件下，企业 1 进行服务共享组建服务联盟会，综合考虑自身独立生产零星孵化服务 y 的成本和企业 2 独立生产零星孵化服务 x 的生产成本。当零星孵化服务 y 的市场交易效率较低在一段时间内波动不大、企业 1 自身生产零星孵化服务 y 的成本较高、企业 2 生产 y 的成本较低时，孵化服务网络就会形成，企业间会进行技术服务共享。此时，市场交易费用过大导致建立孵化服务网络比通过市场交易购买具有比较劣势的产品的效用更高，而企业 1 生产 y 的成本过高导致自给自足的效用同样较低，因此，企业 1 会通过建立孵化服务网络以实现效用最大化的目标。

根据分工和专业化的理论，市场分工和专业化水平整体的提高，可以提高交易效率，同时能够大大缩短新技术产生的时间，而孵化服务网络正是分工和专业化经济高度发展的产物。

5.5 孵化服务网络合作自发构建的路径

5.5.1 全能一体化孵化器的生产转换曲线

引入系数 α，使得企业 1 的效用函数变为柯布道格拉斯函数，即 $u_1 = (x_1 + kx_1^d)^\alpha (y_1 + ky_1^d)^{1-\alpha}$，由分析可知，$\alpha$ 表示企业 1 对零星孵化服务 x 的偏好程度，即专业化程度，则企业 1 的生产转换函数为 $y_1 = (1-(x_1)^{\frac{1}{\alpha}})^\alpha$，$x_1, y_1 \epsilon (0, 1)$，因此，在 $x-y$ 平面上可以根据转换函数画出相应的转换曲线（图 1-3），其中曲线 DE 是企业 1 自给自足即全能一体化孵化器的生产转换曲线。令企业的劳动全部用于生产零星孵化服务 x 或 y 时的独立生产能力为 1，图中曲线 AF 是企业 1 和企业 2 分别选择自给自足时的总和转换曲线。而曲线 AC_1F 表示有分工的总和转换曲线，其中点 C_1 是完全分工状态，AC_1 和 C_1F 曲线上的点表示部分

分工的组合。

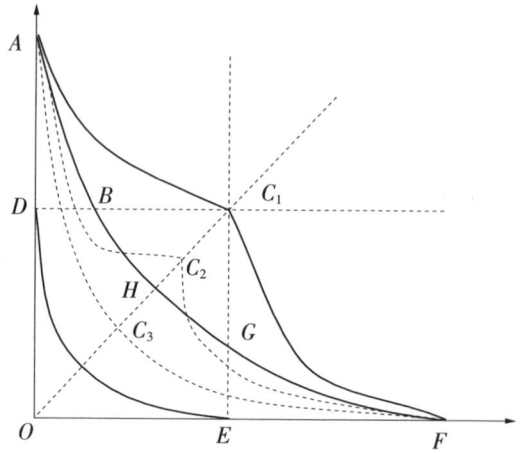

图1-3 孵化服务网络合作构建和演化路径

5.5.2 孵化服务分工的经济效应

上文中我们用 $1-k$ 来衡量由于各种因素所带来的交易费用（成本）的总和，用 k 来衡量交易费用。因此当 k 过小（即 $1-k$ 过大）时，分工所产生的经济效应完全等于交易费用，此时如图1-3中 C_3 点所示。在这种情况下无论 α 如何取值，企业都会选择自给自足的方式。由式（34）可知，当 $\frac{(1-C_{1x}-C_{1y})^2}{(1-C_{1x})(1-C_{2y})} < k < 1$ 时，分工将在 H 和 C_1 中的一点，如图1-3中 C_2 点所示，这时要关注 α 值的大小，α 代表的是专业化经济参数，当 $\alpha < \alpha_0$ 时，对应图形的 AB 段，显然此时分工所带来的好处没有自给自足的多（AB 位于 AF 下方）。当 $\alpha > \alpha_0$ 时，BC 段上升到 AF 之上，显然专业化经济得以凸显，此时企业自然会按照最大化专业经济方向发展，即向 C_2 点演进。

5.5.3 孵化服务网络生成和演进

由上述分析可知，孵化器和孵化企业共同构成的企业1在交易成本 $1-k$ 小于一定值，而专业化分工程度大于一定值时，企业1在分工形成资源外包网络模式下的效用明显大于自给自足的效用，只有与孵化服务提供方构成的企业2形成资源外包网络（即技术联盟），才能获得最大效用。

由超边际模型分析可知，为了追逐效用最大化，必须形成以孵化器和孵化企业为主导的，与各服务资源的提供方相互联系、相互作用的统一整体——孵化服务网络，这就是促使全能型孵化器向孵化服务网络演进的内因。

6 政府干预条件下孵化服务网络构建的途径

孵化服务是由孵化服务网络成员所共同提供的,其具有的受益的非排他性、消费的非竞争性以及效用的不可分割性体现了孵化服务实际上是一种特殊商品——准公共物品,孵化服务网络产品这种准公共产品和外部性的特殊投资收益不能完全内部化,市场生产动力不足,企业投资不足;孵化服务网络缺乏,孵化服务网络产品市场失灵,当孵化服务网络成员无法合作构建网络时,这时候需要政府介入促成网络构建。本章从孵化服务网络产品的准公共特征和外部性入手,探讨政府干预构建的必要性以及政府干预构建的方法,搭建政府干预条件下孵化服务网络的框架,从而探讨政府干预条件下孵化服务网络合作构建的途径。

6.1 政府干预孵化服务网络构建的必要性

6.1.1 孵化服务网络产品——孵化服务的准公共特性

作为孵化服务网络的唯一产品,孵化服务首先是一种准公共物品。准公共物品是一种介于纯公共物品和私人物品之间的物品。私人物品是指具有排他性、竞用性、效用不可分割性的物品。其中,排他性是指消费者一旦消费了这种物品必然排他性地拒绝其他消费者对于这种物品的消费,竞用性是指消费者一旦消费了这种物品必然引起该物品量上的减少,效用不可分割性是指消费者从这种物品的消费中获得的效用是不可分割的。纯公共物品具有三个明显特征:一是受益的非排他性,二是消费的非竞争性,三是效用的不可分割性。同时具有这三个特征的物品就是纯公共物品,而介于纯公共物品与私人物品之间的物品就是准公共物品。

对于孵化服务网络而言,其唯一"消费者"——孵化企业在消耗孵化服务这一产品时虽然可以将孵化服务网络外的企业排除在受益范围之外,但是在它消费的过程中是不妨碍其他网络内的孵化企业消费的,即具有消费的非竞争性,同时又因为孵化服务是由多家孵化企业联合消费的,具有效用的不可分割性。

因此，孵化服务网络产品应该是一种准公共物品。

6.1.2 孵化服务网络的外部性及其市场失灵

孵化服务网络产品的准公共物品特性决定了其必然产生外部性问题。一般认为，孵化服务网络对网络外主体会产生正的外部效应，而知识外溢是其正外部效应产生的根源。孵化服务网络通过知识溢出产生的外部经济效应主要体现在培育新企业、培育企业家、新增劳动就业和新增税收等四方面，除此之外，还能够培育未来区域经济发展的新兴力量产业；培育和传播创业文化，营造创业氛围；培育技术创新能力，促进科研成果的转化；孵化有效盈利的企业制度①。

孵化服务网络作为一种创新孵化机制，其正外部性能够有效促进社会福利的增加，但是这些正的外部经济效应的受益者无法界定为某一特定主体，而是全社会。因此，孵化服务网络所产生的收益不能全部为孵化服务网络内的成员所获得，由于正外部性的存在，孵化服务网络成员的私人收益和私人成本会与社会收益和社会成本不一致，而且，孵化服务网络成员内部由于其规模和影响力的差异也会出现孵化受益分配不均等情况，致使网络成员对于网络的构建缺乏足够的激励，孵化服务网络产品的供给不足，导致市场供给失灵，极大地限制和阻碍了孵化服务网络的构建。因此，政府有必要对孵化服务网络的构建提供适当的干预。政府干预孵化服务网络构建的必要性逻辑如图1-4所示。

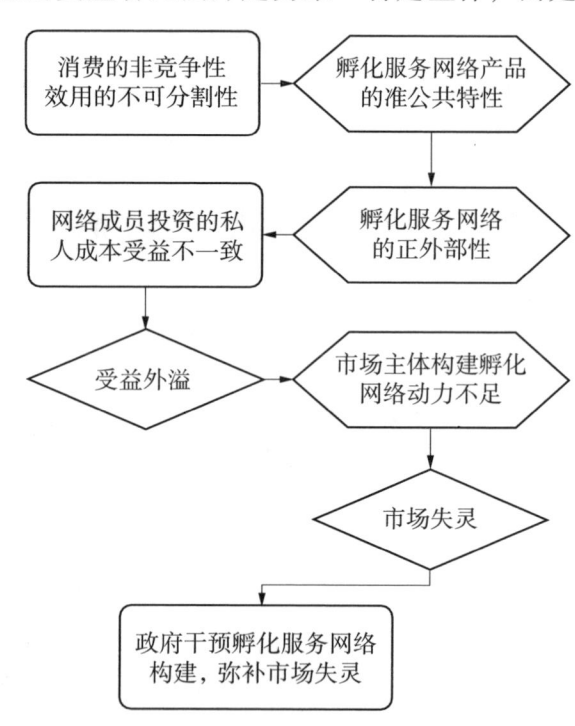

图1-4 政府干预孵化服务网络的必要性逻辑结构图

---

① 周怀峰. 政府支持、市场化运作发展科技企业孵化器[J]. 广东科技，2015（Z2）：74-78.

6.2 政府在孵化服务网络构建中的角色定位

上一节从市场失灵的角度论述了政府干预孵化服务网络构建的必要性,从合作的角度看,孵化服务网络市场失灵的情况即是缺乏合作规则(激励和惩罚措施)、合作的领导者不明确、合作的成本分摊和合作的收益分配不一致的情况。而在孵化服务网络合作中,政府是作为规则制定者、引导协调者和初始成本承担者等角色出现,解决合作的难题。因此要解决合作的难题,必须先明确政府在孵化服务网络构建中的角色定位。

6.2.1 规则制定者

制定相关政策和法规体系是政府有关部门参与孵化服务网络的主要行为方式之一,通过相关政策和法规的制定引导孵化服务网络的构建、促进孵化服务网络成员的合作、规范孵化服务网络成员的经济行为。如制定鼓励创业的相关政策,鼓励科技人员创业;建立科技创业人员的流动机制,促进区域内人才流动;制定利益分配机制,保证孵化服务网络产出公平分配;制定支持孵化服务网络发展的土地使用政策、税收奖励政策等。

6.2.2 引导协调者

政府相关部门(包括行业协会),作为孵化服务网络的引导节点,是孵化服务网络中的一个重要节点,但不是核心节点,它处于相对从属地位,孵化服务网络的核心节点是价值节点即科技企业孵化器。政府作为引导节点,并不直接参与科技企业的技术创新,它的作用一般是间接支持孵化服务网络的发展,主要是引导孵化服务网络发展的方向,协调科技企业孵化器构建参与孵化服务网络的构建,制定奖励或制裁措施规范和激励其他网络主体的行为,为构建协同、有序、公平的孵化服务网络提供良好的科技创新和经济社会环境。

6.2.3 初始成本承担者

政府作为孵化服务网络初始成本的承担者具有两层含义:第一,政府是科技企业孵化器建设的初始成本承担者,从我国建设科技企业孵化器的实践可以看出,最初的科技企业孵化器都是由政府或者是国有经济出资构建的,孵化器自产生以来,就为孵化企业提供低廉的租金与相关服务,然而孵化器从孵化企业所得到的收益并没有办法完全弥补其向孵化企业付出的孵化成本,这些成本与收益的差额往往由政府通过各种方式补齐，政府成为最初的成本承担者；第二，政府是孵化服务网络构建的初始成本承担者，由于孵化服务网络的正外部性的存在，孵化服务网络没有办法完全通过市场自发构建和演化，导致由市场构建孵化服务网络的动力不足而构成市场失灵，政府往往会提供相应的资金或补贴用以弥补市场自我演化动力的缺口，成为孵化服务网络构建的初始成本承担者。

6.3 政府支持孵化服务网络构建的途径

6.3.1 政府支持孵化服务网络构建的理论途径

根据微观经济规制理论，解决市场失灵的方法有两个：一是补贴，二是界定产权。因此，政府干预孵化服务网络构建的理论途径也应该有两个，即政府补贴与产权界定。

1. 政府补贴

补贴的理论依据是所谓的"庇古税"，即当出现正外部性时，私人收益小于社会收益，因此政府应当采取措施，使得相关经济主体的私人收益与社会收益相等，而这种措施就是政府补贴。政府补贴可以分为财政补贴和政策补贴两种。

（1）财政补贴为直接补贴，是政府直接给予现金进行补贴，例如政府直接投资设立孵化器，或者是设立孵化专项资金用以奖励就业贡献、税收贡献、毕业企业达到一定规模的孵化服务网络成员，形成对孵化器的激励机制。

（2）政策补贴为间接补贴，是通过政府制定相应优惠政策优化孵化服务网络的构建的经济环境，如给予税收优惠、贴息贷款等，这种补贴一般是间接的，能够促进孵化服务网络的自我更新和发展。

2. 产权界定

根据微观规制理论，界定产权是解决外部经济效应的一种有效途径。政府通过立法将外部经济效应的产权界定给该效应的生产者，确立了外部效应内部化的对象是生产者，使外部效应生产者的私人成本和私人收益与社会成本和社会收益相一致，实现资源的帕累托最优配置。例如，对于税收增量的产权界定，可以将科技企业孵化器内部孵化企业和已经毕业的企业创造的地方税收增量的产权界定为政府和孵化器共有，规定在一定的年限内，孵化器可以按照一定比例每年从政府的税收中领取一定份额，即税收返还。

虽然政府对孵化器的优惠政策、补贴和基于界定产权的税收返还等政策在理论上是完美的，但实际的执行效果与预期存在相当大的偏差。一方面由于补贴与产权界定能够发挥作用的条件是政府能够获取科技企业孵化器的完整信息，但是实践中由于政府从孵化器中获取信息能力有限，从而无法获得完整的信息；另一方面是由于政府和孵化服务网络成员信息不对称，所以政府无法算出最优的税率和补贴值。但是，尽管这些政策在实践过程中存在问题，但由孵化服务网络的准公共物品特性决定了其需要政府支持，因此，为更好地构建孵化服务网络，必须完善补贴和产权界定的制度设计，规范机会主义行为，预防道德风险，减少寻租行为，提高构建效率与兼顾市场公平同步进行。

6.3.2 政府支持孵化服务网络构建的实践途径

综观国内外政府支持孵化服务网络构建的实践经验可以看出，最主要的实践方法是建立区域性的孵化器协会，通过区域性的孵化器协会引导和支持孵化服务网络的构建。区域性的孵化器协会是依托地方政府力量成立的会员性非营利组织，孵化器、高校及科研院所、投融资机构、专业事务所等中介机构是其常驻会员，通过建立区域性信息共享平台、技术交流平台、政策优惠平台、资金交流平台等统一性的平台，促进各类主体信息交流和资源共享。区域性的孵化器协会是介于政府和企业孵化器之间的沟通者，能够更加高效便捷地传导政府的政策信息并根据政策效果向政府提供反馈，促进孵化服务网络的构建和持续发展是其协会设立的任务之一。区域性的孵化器协会通过收集科技企业孵化器及其他网络主体的相关信息，采取调研考察和组织行业交流等方式了解本行业的发展情况，及时向政府传递本行业的发展情况及存在的问题，协助政府决策，积极争取政策支持。

为实现区域创新孵化资源的充分整合，自 2004 年起，我国已经在多个城市和地区建立区域孵化器协会。区域孵化器协会的成立，使得区域性孵化服务网络形成了"地方政府—区域孵化器协会—孵化器"多层中心共同治理模式[1]。

---

[1] 李振华，封新宇，吴文清，等. 多中心治理模式下区域科技孵化网络协同创新机制研究 [J]. 中国科技论坛，2016（1）：44-50.

7 孵化服务网络合作构建案例研究

深圳市孵化服务网络是依托于其独特的区位经济与政策优势构建起来的且发展较好的孵化服务网络,对其进行深度分析,能够更好地为孵化服务网络的构建理清思路,找出我国在科技企业孵化服务网络构建中已经出现或者即将出现的问题,并寻找出相应的对策,目的是能够对未构建或正在构建中的孵化服务网络构建起到良好的借鉴作用。

7.1 深圳市孵化服务网络发展概况

深圳市孵化服务网络经过20多年的发展,已经具备相当规模。通过对深圳市18家科技企业孵化器进行问卷调查和实地访谈,获得了深圳市孵化服务网络发展的总体情况,为分析其孵化服务网络的组织构成、构建动因和路径奠定了基础。

7.1.1 科技企业孵化器发展概况

1. 总体数量和地理分布

截至2015年底数据显示①,深圳市孵化器自建立以来真正存活下来的只有67家,其中,大部分的孵化器都位于南山区,其次是福田区和宝安区,随着深圳经济的不断发展,孵化器的地理分布有从关内向关外扩散的趋势。

2. 类型与投资主体

在调查的18家孵化器中,综合型孵化器为12家,占调查总数的三分之二;专业型的孵化器为6家,占调查总数的三分之一,并且随着时间的推进,综合型的孵化器将不断地向专业型孵化器转化,孵化器的专业化程度不断提高。相应地,随着孵化器类型的不断变化,其投资主体和管理模式也在不断变化(表1-5)。

---

①数据来源:深圳市科技企业孵化协会网站。

表1-5 深圳市18家科技企业孵化器投资主体

类型	国有	事业单位	合资	民营	其他
数量/个	5	8	2	2	1
百分比/%	27.8	44.4	11.1	11.1	5.6

3. 人员构成与人员需求

从表1-6中的数据来看，深圳市科技企业孵化器中高级职称和中级职称以上的人数较少，说明专业人才比较缺乏；大学以上的人数过半，但硕士以上的占比仍然较低，说明在科技企业孵化器内部，人员的素质越来越高，但高层次人才仍然缺乏。同时，虽然技术类和管理类人数大体一致，但是按照孵化器的管理需求而言，管理人才仍然缺乏。

表1-6 深圳市18家科技企业孵化器人员构成

序号	按职称分				按学历分			按专业分		
	高级职称	中级职称	初级职称	无职称	硕士及以上	大学本科	其他	技术类	管理类	其他
人数/人	30	70	128	203	86	155	190	134	132	165
占比/%	6.96	16.24	29.49	46.77	19.95	35.71	43.08	31.09	30.62	38.28

4. 孵化器主要融资渠道

一般而言，孵化器的主要融资渠道为政府、银行贷款和风险投资机构等，这些机构为孵化器的主要融资渠道，深圳市的孵化器大体上也遵循这一原则。从对18家被调研科技企业孵化器的数据分析（表1-7）可以看出，政府和银行仍为孵化器主要投资来源，除此之外，风险投资的比例也比较大，直接反映了风险投资可能是未来孵化器的资金来源这一趋势。

表1-7 深圳市18家孵化器的主要融资渠道

孵化器融资渠道	孵化器数量/家	百分比/%
政府投入	8	44.4
银行贷款	7	38.9
风险投资	6	33.3
企业贷款	2	11.1
内部人员集资	1	5.6
其他	2	11.1

5. 孵化器提供孵化服务的效果

孵化器提供孵化服务的效果一般由孵化企业的成功率来度量。在调研的18家孵化器中，有2家的成功率在90%以上，有11家的孵化企业成功率在70%～89%之间，总共有13家孵化器的孵化成功率在70%以上，占调研总数的72.2%。说明在深圳市范围内，孵化器的孵化成功率还是比较高的。

7.1.2 孵化服务提供概况

孵化服务是由孵化服务网络成员共同提供的各种专业化的服务支持，这些服务支持包括知识、信息、资金、人才以及空间基础设施等。根据社会网络理论对于孵化服务网络的内外分层情况，为了便于深圳市孵化服务网络对孵化服务提供的情况调查取证，在调研时将孵化服务分成孵化器提供的孵化服务与孵化器利用的外部孵化服务资源两部分。

1. 孵化器提供的孵化服务

在调研中，企业所需要孵化器提供的孵化服务一般有9项，统计情况如表1-8所示。

表1-8 深圳市18家孵化器提供孵化服务概况

序号	选项	选择该项的孵化器数/家			合计/家	百分比/%
		第一多	第二多	第三多		
1	培训	1	4	5	10	55.6
2	信息	3	2	3	8	44.4
3	公共平台	4	1	1	6	33.3
4	资金	0	0	4	4	22.2
5	管理	0	3	3	6	16.7
6	基本生活服务	2	0	3	5	16.7
7	营销	0	0	1	1	5.6
8	人才	1	0	1	2	5.6
9	一般行政事务	0	1	1	2	5.6

从表1-8中可以看出，在以这18家孵化器为代表的深圳市孵化器中，孵化器提供最多的服务是培训服务，大概有55.6%的孵化器都能够提供该服务，其次是信息服务，再次是公共平台，而资金、管理、基本生活服务、营销、人才、一般行政事务这些服务一般是提供比较少的。通过这个数据我们可以发现，孵化器在提供资金、管理、基本生活服务、营销、人才、一般行政事务等方面的

能力有所欠缺。

因此,对孵化器所应当提供但实际上没有提供或较少提供的情况进行调研,结果如表 1-9 所示。

表 1-9 孵化器应该提供的新服务

服务种类	管理	信息	融资	项目申报	人才	知识产权	其他
选择数量/家	5	8	10	12	3	6	2
占比/%	27.8	44.4	55.6	66.7	16.7	33.3	11.1

表 1-9 中的结果显示,孵化器应当提供的新服务中需求最大的是项目申报服务,包括协助企业申报研发项目、资助项目、高新技术企业认定、知识产权保护等。其次是融资服务,再次是信息服务。孵化器提供的信息服务虽然较多,但是仍然无法满足孵化企业的孵化需求。因此,孵化器在提供项目申报、融资以及信息管理方面能力缺乏,需要除孵化器之外的孵化服务网络中的其他成员进行供给,这也是孵化服务网络结网的直接现实动因。

2. 孵化器利用的外部网络孵化服务资源

由于孵化器本身所提供的孵化服务不足,所以产生了由孵化服务网络的外部网络成员提供孵化服务的需求,通过对 18 家孵化器利用的外部网络孵化服务资源情况的整理,深圳市孵化器主要利用的外部网络孵化服务资源情况如表 1-10 所示。

表 1-10 深圳市 18 家科技企业孵化器利用外部网络孵化服务资源概况

利用外部网络孵化服务资源种类	培训	资金	管理	信息	政策优惠	社区生活环境	其他
选择该项的孵化器数量/家	14	13	8	13	16	6	1
占比/%	77.8	72.2	44.4	72.2	88.9	33.3	5.6

表 1-10 所示,政策优惠、培训、资金、信息等是孵化器利用外部网络资源较多的领域,而管理、社区生活环境方面利用外部网络资源的需求不是很突出,因此,孵化器要建立孵化服务网络,通过政府获得相关政策优惠,通过政府与投融资机构获得充足的资金,通过行业协会与专业中介组织获得孵化企业所需的信息,通过培训提高孵化器与孵化企业的能力,提高孵化企业的孵化成功率。

7.1.3 孵化服务网络发展概况

经过20多年的发展，尤其是2004年以后，深圳市利用其独特的区位优势、政治资源优势、经济优势、人才优势、环境优势等，已经初步形成了以各类孵化器为核心，以政府和深圳市科创中心、深圳市科技企业孵化协会为指导，以清华大学、北京大学、武汉大学、华中科技大学、中山大学等大学以及科研院所为智力支撑，以银行等金融机构及风险投资机构等各类投融资机构为资金支持，多种专业会计师事务所、律师事务所及其他专业服务机构共同参与、协同发展的孵化服务网络体系，深圳市的孵化服务网络已经初具规模。

7.2 深圳市孵化服务网络组织结构

7.2.1 网络各节点对孵化服务网络的支撑

深圳市孵化服务网络作为一种孵化服务网络，也是由多个网络节点联结而成的。网络中各节点对于孵化服务网络的支撑如下：

（1）各类孵化器为价值节点，是整个孵化服务网络的中心和枢纽，多种孵化服务在此集结和优化，最终为提高孵化企业的孵化成功率服务。

（2）孵化器中的孵化企业为创新节点，是直接参与技术创新的行为主体，通过孵化服务网络获得更好的孵化服务，以求成功"出壳"。

（3）政府、科创中心以及行业协会为引导节点，不仅以行政的行为（如制定相应的优惠政策）引导网络的发展方向，同时通过市场和经济的手段（如直接投资、补贴等）促进孵化服务网络的建设，建设创新型科技企业集群，引导相关产业的发展。

（4）高校及科研院所为创新节点。深圳依靠其独特的地理优势和政治经济优势，吸引了一大批如清华大学、北京大学、中山大学、武汉大学等高校及科研院所、重点实验室等参与孵化服务网络的实践，为孵化企业提供核心的技术支持、人才支持和优质的科研信息，推动产学研的进一步合作以及技术成果快速转化。

（5）银行等金融机构以及风险投资机构为资金节点，在政府的支持与引导下，给予孵化企业以资金支持，提高孵化企业的成功率，同时获得投资收益。

（6）专业的会计师事务所、律师事务所及其他专业机构为中介节点。孵化企业的成功孵化离不开这些专业化的中介机构的支持。根据深圳市的网络实践，这些服务一般包括法律咨询与合同管理服务、财务和会计服务、知识产权服务、专业化培训服务及市场调查与信息供给服务等。

（7）区域内基础设施及创业创新的文化氛围为非行为节点。非行为节点与行为节点的不同之处在于一般不会直接参与孵化服务网络实践，而是渗透和影响孵化服务网络的发展。深圳市已经建立起来比较完备的区域内交通、通信等配套基础设施，营造了非常浓厚的创业氛围，吸引了一大批国内外相关技术人才在此创业，为区域内孵化服务网络的构建和发展奠定了良好的基础。

7.2.2 深圳市孵化服务网络的结构层次

深圳市孵化服务网络作为孵化服务网络的一种，必然可以分解为各自独立而又相互关联的内外双层网络。其中内层网络是由孵化器与孵化服务网络构成的，是孵化器内部围绕孵化企业形成的网络，由孵化器向孵化企业直接提供各种孵化服务，保证孵化企业的正常发展。孵化器围绕孵化项目进行横向管理，属于强相关联系。外层网络是以孵化器为核心的各节点即政府及行业协会、投融资机构、高校及科研院所、各种专门的中介服务机构等构成的外部网络。外层网络一般是通过契约等方式建立起来的，属于弱相关关系。深圳市孵化服务网络的结构如图1-5所示。

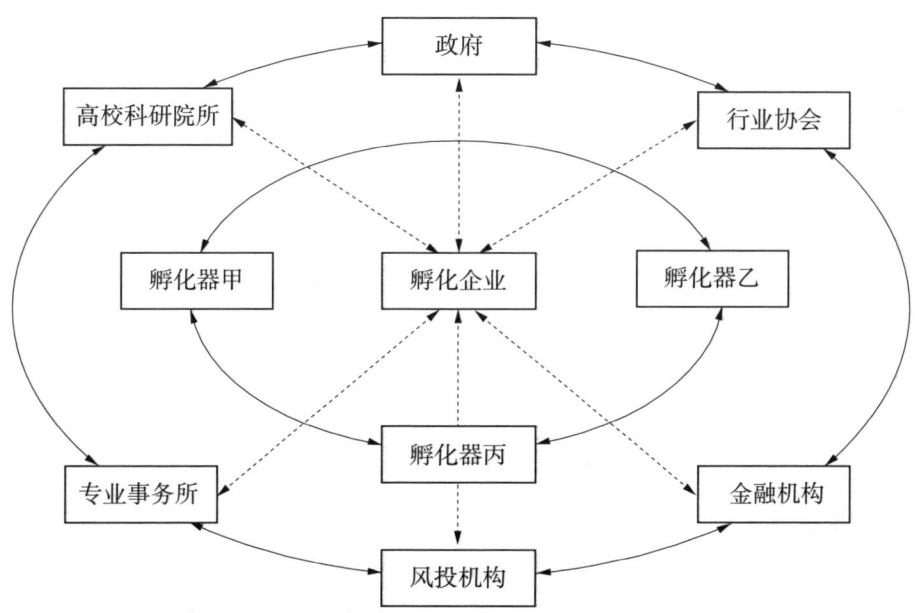

图1-5 深圳市孵化服务网络结构图

根据对18家孵化器的调研数据的整理（表1-11），孵化器所利用的外部网络服务的来源可以直接度量孵化器与其他孵化服务网络主体联结的紧密度，因此，可以看出，政府是与孵化器联结最紧密的外部网络主体，说明政府对于孵化服务网络构建和发展的作用是比较突出的，其次是高校和科研院所，再次是投融资机构，而且随着区域经济的发展对于孵化服务网络发展的作用日趋增强，第四是专业事务所，最后是其他专业组织。

表1-11 深圳市18家孵化器利用外部网络服务来源

排名	资源主体	选择的孵化器数量/家	占比/%
1	政府及行业协会	13	72.2
2	高校及科研院所	10	55.6
3	投融资机构	9	50.0
4	专业事务所	7	38.9
5	其他专业组织	5	27.8

7.3 深圳市孵化服务网络构建的基础

根据第4章的观点，孵化服务网络构建的直接动因是分享合作的剩余，经济基础、制度基础和社会情感基础是孵化服务网络构建的三大基础，通过对深圳市孵化服务网络的总体概况以及调研的相关数据进行分析，可以将深圳市孵化服务网络构建的基础归纳为以下几个方面。

7.3.1 合作构建的经济基础

孵化服务网络各主体间合作的经济基础是分享合作剩余，即合作产生的受益大于非合作产生的受益。以下将从孵化器、投融资机构、高校及科研院所等主体成员在孵化服务网络构建前后的受益对比进行深入探讨。

（1）从对深圳市18家孵化器的调研数据来看，孵化器对于孵化合作网络建立的意愿是非常强烈的，几乎18家孵化器都认为通过建立孵化服务网络获取外部网络资源是非常有效的。如表1-12所示，有17家表示利用外部孵化服务网络资源后孵化器的能力提升较快或很快，比例达到了94.4%，说明孵化器的综合能力在利用外部网络服务资源后取得了明显的提升，同时也可以看出，孵化服务网络建立后，孵化器的受益明显大于建立之前。

表1-12　深圳市18家孵化器利用外部资源能力提升情况

能力提升情况	慢	较慢	一般	较快	快
选择该项的孵化器数量/家	0	0	1	13	4
百分比/%	0	0	5.6	72.2	22.2

（2）从投融资机构角度来看，以南山创业中心为例，目前与其建立了紧密联系的投资机构达到了近40家，这些投资机构对于孵化企业的投资，不仅能够为孵化企业提供资金支持，提高孵化成功率，提高孵化器和孵化企业的受益，还能反过来从投资中获益，增强自身的经济实力。

（3）从高校及科研院所的角度来看，通过与孵化器、在孵企业的合作把相关技术研究成果转化成孵化企业的产品，不仅为孵化企业提供了智力和人才支持，同时通过孵化服务网络直接将研究成果转化为了生产力。

（4）从专业事务所的角度看，其不仅为孵化企业提供了高效、专业的孵化服务，同时可以通过孵化服务网络扩大自身企业规模，获得规模收益。

7.3.2　合作构建的制度基础

根据制度经济学理论，高交易费用造成制度障碍，信任有利于打破制度障碍，同时获得政府支持。从信任和交易成本的角度看，深圳市孵化服务网络的建立，提高了网络成员主体间的信任水平，降低了交易次数和交易成本，打破了孵化服务网络成员之间的制度障碍。同时，深圳市区域孵化服务网络的建立在扩大了网络影响力的同时更容易获得深圳市、广东省政府及相关部门的支持，为孵化服务网络提供政策优惠和支持，如2016年深圳市政府颁布的《深圳市创业扶持优惠相关政策》等。

7.3.3　合作构建的社会情感基础

合作的社会情感基础包括社会责任和社会声誉。深圳市孵化服务网络建立后，以孵化器和政府为代表的孵化服务网络成员的社会声誉具有明显的提高。

（1）以孵化器为例，通过对选取的深圳市18家孵化器的调研后发现，孵化器建立孵化服务网络后，利用网络外部资源提升的能力中，品牌建设能力的提升是最大的，而品牌建设能力的提升又能帮助孵化器进行品牌建设，提高孵化器的社会责任感和社会声誉。

（2）以政府为例，在建设孵化服务网络后，深圳市形成了以通信行业、电子信息行业为代表的多个区域内产业集群，带动了一大批高科技产业集团的建立，不仅能够增加就业和税收，还能够提高政府声誉和政府公信力，吸引更多的人才，扩大深圳市政府在全国乃至全球的影响力。

7.4 深圳市孵化服务网络构建的途径

7.4.1 市场经济驱动下的孵化服务网络的自我构建和自我演化

通过前文中对深圳市孵化服务网络的分析可知，对于孵化服务网络的主体而言，通过构建孵化服务网络，区域内孵化器将孵化服务资源外包，网络主体进行更加专业化的分工，大体上都可以通过网络获得比结网之前更大的效用。

对于孵化器而言，在孵化服务网络建立之前作为全能型孵化器为孵化企业提供所有的孵化服务资源，但是随着孵化企业需求的日益发展，孵化器所提供的孵化服务已经无法满足孵化企业的需求，而且如果由孵化器作为孵化服务的单一提供者，比从其他网络主体中购买专业性的孵化服务包所需的交易成本更高，因此，从效用最大化的角度来看，深圳市内的孵化器会趋向于效用更高的孵化服务网络，即市场经济的逐利性驱动深圳市的孵化器由全能型孵化器通过孵化资源外包向孵化服务网络转变，并通过外包的不断专业化细分继续驱动孵化服务网络向成员更多、结构更复杂、交叉性更强的孵化服务网络自我演化。

7.4.2 政府干预下的孵化服务网络合作构建

在深圳市孵化服务网络构建的实践中，同样出现了市场失灵的问题。作为深圳市孵化服务网络唯一产品的孵化服务是由孵化服务网络成员共同提供的，其具有的受益的非排他性、消费的非竞用性以及效用的不可分割性，是一种准公共物品，具有外部性的特征。孵化服务网络产品这种准公共产品和外部性的特征投资收益不能完全内部化，市场生产动力不足，企业投资不足；孵化服务网络缺乏，孵化服务网络产品市场失灵，当孵化服务网络成员无法合作构建网络时，这时候需要政府介入促成网络构建。

深圳市政府在孵化服务网络的构建中起到了重要作用，尤其是在2004年深圳市科技企业孵化器协会建立后，已建立了"深圳市政府—深圳市科技企业孵化器协会—孵化器"多层中心的孵化服务网络模式。深圳市科技企业孵化协会建立后，政府通过协会设立了"深圳孵化信息平台"和"孵化企业投融资平台"，构建了统一的协会公共服务平台，该平台作为联系会员单位的桥梁和纽带，能够及时通报科技创业相关政策、科技创业成果及孵化动态，便于会员单位交流工作经验，帮助深圳市内的孵化服务网络会员及时了解全网络内其他会员的发展动向及成效，促进会员之间的信息交流和沟通；协会网站上规定了明确的进入和退出条件，为孵化服务网络内外的交流提供了便捷的服务通道，协助孵化服务网络各成员向孵化企业提供各类科技项目申报服务等。此外，网站还与国家级科技企业孵化器、大学科技园等10多家会员单位以及市科技和信息局、科技部火炬中心等网站进行链接，实现了信息资源共享，受到各类科技企业孵化器的广泛关注[①]。在深圳市政府的主导、深圳市科技企业孵化器的协助下，深圳市的孵化服务网络已经初步建立起来。

7.5 深圳市孵化服务网络构建过程中的问题与解决方法

7.5.1 孵化服务网络构建中出现的问题

深圳市孵化服务网络自初步形成以来，出现过很多问题，有些已经得到解决，有些还在继续，其主要问题如下：

（1）投融资服务具有一定的滞后性。在孵化实践过程中，科技企业的创新项目所涉及的技术或产品往往具有一定的超前性，与市场中原有的技术或产品相比，存在差异性的创新。人们依靠自有的知识和认识，很难及时对于该技术的市场前景做出较为准确的判断。出于投资回报风险的考虑，很多投资人会选择暂时观望，而这种观望，往往会被网络外的其他公司抢占先机，导致孵化项目搁浅。

（2）成员间因相互之间的信息不对称而出现的合谋。孵化行业是一个高风险行业，孵化项目即便具备技术先进性与创新性，但如果不具备真正的市场前景，也很难取得成功。在孵化实践过程中，孵化项目的成功率可能较低，而且很多创业者所谓的创业项目看似具有创新性，实则是想借创业项目之名骗取合作方的投资，或者是与孵化器和投融资机构一起伪造孵化项目、孵化结果等骗取政府的补贴和资助。

（3）成员间因为信息不对称容易产生信任危机。由于成员之间信息不对称，因此非常容易出现合谋行为或者是机会主义行为。如果孵化服务网络中的成员认为其他成员都有可能产生机会主义或合谋行为的话，在孵化网络实践中就会较为谨慎，产生信任危机。例如创业者的主要精力都投在项目运作上，没有财务完善意识，导致创业公司财务制度很不完善。创业公司财务信息不完善，加

---

① 资料来源：深圳市科技企业孵化协会官网。

上缺乏抵押资产，使得投融资尤其是银行等机构很难了解公司项目的市场前景，双方之间存在信息不对称，导致这些机构不愿对创业公司的发展施以援手。

（4）孵化服务资源分配不公平。深圳市区域孵化服务网络内比较有影响力、发展较好的多为政府或高校及科研院所等参与投资的孵化器，民营孵化器在孵化服务网络内的影响不大，因此可能造成孵化服务资源向影响力比较大的以政府和高校及科研院所为投资主体的孵化器，造成孵化服务资源分配不均。

（5）惩罚监督机制不够完善。深圳市区域孵化服务网络内对于一些可能出现的机会主义或合谋等行为，目前为止并未形成统一的惩罚监督机制来规范网络成员主体的行为，容易滋生机会主义行为。

（6）孵化器分布过于集中。深圳市的孵化器大都集中在南山区，孵化资源也向南山区倾斜，在一定的程度上可以打破距离障碍，产生范围经济和产业集聚效应，但是也在一定程度上造成南山区范围内的过度竞争，同时也意味着孵化器的建设在一定程度上未按照区域内的经济需求和产业布局来合理安排。

7.5.2　孵化服务网络构建中问题的解决方法

面对孵化服务网络构建中出现的问题，可从以下方面着手解决合作难题。

（1）完善区域孵化服务网络内的惩罚监督机制。完善惩罚监督机制可以对区域孵化服务网络内的机会主义和合谋行为形成威慑，有效规避危害孵化服务网络可持续发展的行为，并增强成员间的信任。

（2）建立统一的信息交流平台，增强成员之间的相互信任。信息是信任的前提，是促进孵化服务网络成员孵化合作的基础。建立统一的信息交流平台能够有效地解决因为成员之间信息不对称而引发的信任危机。

（3）促进区域内孵化资源的合理分配与自由流动，打破资源沟通障碍。区域内孵化资源的合理分配能够有效解决区域内孵化资源分配不均的行为。可以对民营的孵化器实行更优惠的政策，促使其快速发展，增强在孵化服务网络内部的影响力。

8 孵化服务网络合作构建和维护的途径

8.1 孵化服务网络合作构建中的问题

通过对深圳市的区域性孵化服务网络的分析,科技企业孵化服务网络在合作构建的过程中容易出现的问题主要有以下几个方面。

8.1.1 缺乏统一的合作规范

缺乏统一的合作规范是指在孵化服务网络范围内,并没有统一的合作规范,也没有统一的惩罚监督机制,主要表现在以下几个方面。

(1) 孵化服务网络缺乏统一的组织和管理。合作规范的缺乏往往导致网络内角色不明确,造成孵化器和政府职能的错位,降低孵化服务网络成员之间的互动性。

(2) 孵化服务网络缺乏完善的惩罚监督机制和制裁措施。惩罚监督机制的缺乏,容易导致孵化器网络成员的机会主义行为的产生,危害孵化服务合作网络的可持续发展。

8.1.2 缺乏统一的信任机制

孵化服务网络中,网络成员之间的相互信任是网络运行和发展的关键因素之一,它既是孵化服务网络构建的前提,也是提高孵化服务网络运行效果的重要推动力。孵化服务网络成员之间信息往往是不对称的,而双方之间信息的不对称,使得孵化服务网络各成员间非常容易产生信任危机,从而降低孵化服务网络的稳定性和开放性,使得孵化服务网络合作构建和网络持续运行的效率低下。

8.2 促进孵化服务网络合作构建和维护的有效途径

为了应对孵化服务网络构建中产生的问题,对症下药,可以从以下两个方面促进孵化服务网络合作的构建和维护。

8.2.1 建立合作规范制度，完善惩罚监督机制

1. 建立合作规范制度

合作规范不仅是维持孵化服务网络正常运作的重要条件之一，也是保障和实现孵化服务网络成员合作利益的前提。在孵化实践中，各地孵化服务网络虽然在企业孵化器的主导和领导下建立了各种孵化合作规范制度，然而由于企业孵化器自身条件的局限，这些合作规范并不完善，引发了动机不纯的网络主体的机会主义行为，损害了其他孵化服务网络成员的正常利益。基于此，政府和孵化行业协会组织，应该从维护行业整体利益和实现长期发展的目标出发，为各地孵化服务网络研究制定一套涉及成员准入与退出条件、孵化服务网络运作管理和在孵企业考核以及监管制度等标准的合作规范，为新设的或者自身条件有限的企业孵化器构建和管理孵化服务网络提供参考和指引，提高各地企业孵化器的管理水平，实现孵化服务网络的健康运行。

2. 完善惩罚监督机制

惩罚监督机制是预防和制止孵化服务网络成员破坏孵化合作和实施机会主义行为的必要制度安排。首先，从科技企业孵化器层面上，孵化器应该加强与孵化服务网络的沟通和交流，建立与孵化器内部网络利益相一致、与孵化器自身实力相适应的惩罚和监督机制，同时通过一定的措施保证惩罚监督机制的顺利运行。其次，从政府层面上，根据孵化行业整体发展情况，适时出台相关法律法规，对于危害孵化服务网络健康发展的行为规定一定的惩罚措施，保障孵化服务网络成员合法的孵化利益，营造完善的法律环境。最后，从行业协会层面上，相应的行业协会组织从服务于孵化行业的发展大局着手，针对破坏孵化行业发展的现象和制约孵化合作的问题，设立相关行业制裁措施，比如孵化黑名单，行业通报批评和孵化行业禁止从业等处罚措施。

8.2.2 建立和完善信任机制，增进相互信任

信任是合作的一方对他方的可靠性和诚实度有足够的信心。孵化服务网络中，网络成员之间的相互信任是网络运行和发展的关键因素之一，它既是网络成员之间关系发生的前提，也是相互之间合作成功的重要推动力。在建立和完善网络相互信任机制的过程中，应当从以下几个方面着手。

1. 构建统一的信息交流平台

掌握完备的信息是网络成员双方信任建立的前提和关键，是促进孵化服务

网络成员孵化合作的前提和基础。统一的信息交流平台能够帮助孵化服务网络成员高效、迅速、准确地获取所需信息，提高信息资源的流动性，加强孵化服务网络成员之间的沟通，增强相互之间的信任程度。因此，有必要建立统一的孵化服务网络的信息共享平台。信息共享平台一方面收集各种创业项目的信息，登记孵化行业从业人员的相关信息，记录孵化行业相关合作单位的历史信息；另一方面也应具有信用评价功能，分类、分级行业同类单位和从业人员，要让信用约束行业从业人员和相关合作单位的孵化合作行为。通过信息共享平台，孵化服务网络成员快速或低成本地获取关于孵化项目或潜在合作方的相关信息，降低孵化合作的交易成本，避免孵化成员间的信息不对称，最终通过孵化成员间高效合作，实现协同创新。

2. 建立和完善孵化服务网络的信任制度的管理机制

首先，建立和完善信任的准入机制，要建立以孵化行业协会为主导的孵化服务网络成员信任准入机制，设立一系列的诚信调查问卷和考核机制，对于入会成员进行诚信调查，不符合要求的组织不允许进入网络；其次，建立和完善信任维护机制，对于入会成员定期进行诚信考核，对不遵守诚信、违反网络内部信任规则的网络成员提出现金处罚，对于特别严重者予以退出处罚，并在全网络范围内进行通报。

信任机制的存在，能够有意识地培养和建立孵化服务网络成员间的相互信任，培育相互尊重、精诚合作的网络创业文化氛围，使相互信任成为网络内的潜规则。

第2篇

科技企业孵化服务网络的治理

1 绪 论

1.1 研究背景

随着科技创新的复杂化和市场经济的改革深化,原本主要依靠科技企业孵化器提供孵化服务和孵化资源的孵化模式,难以适应孵化初创企业的发展需求。在这种时代背景下,企业孵化器通过构建孵化服务网络,吸收和整合各网络成员的孵化资源和服务,满足初创企业的孵化需求。然而,存在众多异质性网络成员的孵化服务网络,在网络成员集体孵化合作中也不可避免地遇到诸多合作困境。

本篇在微观解构孵化服务网络的构成要素和合作关系的基础上,指出实现规模经济效应、分工与专业化经济、范围经济、网络经济和协同创新,并指出节约交易成本等是孵化服务网络成员进行集体孵化合作的动因。尽管孵化服务网络成员间存在诸多合作的好处,但孵化服务网络成员的集体合作并非轻而易举地达成。研究指出合作收益的不确定性、成员间信息不对称、监督惩罚困境和成员间的机会主义行为等是制约孵化服务网络成员集体合作的四大困境。其中,合作收益的不确定性和成员间信息不对称等是孵化服务网络集体合作过程中较为普遍性的合作困境,前者主要表现为孵化项目的市场前景和回报的风险性,后者主要表现为孵化成员私有信息难以获取;监督惩罚困境是目前孵化服务网络集体合作难以解决的困境,主要由于网络成员地位平等、监督成本制约和惩罚招致报复等因素所导致;成员间的机会主义行为主要表现为网络成员对短期孵化利益的追求。

1.2 研究方法

针对孵化服务网络集体合作出现的四大困境,主要从自组织治理和第三方力量治理两个层面,对孵化服务网络的合作治理进行分析。在自组织治理层面,首先基于共同理论和社会资本两大理论基础,借助于博弈模型分析,研究分析了信誉约束、横向监督、利他惩罚、准入性和合作激励等五大机制可以有效解决集体合作困境。其次,结合企业孵化器在网络中的领导地位,强调其对孵化服务网络的治理作用。在第三方力量治理层面,结合自组织治理的局限性,从政府规制和法律法规两方面,强调了外在力量的治理作用。最后,借助案例分析法,研究了深圳清华研究院和华南新材料创新园两个孵化服务网络的合作困境和治理机制,并进行总结。

1.3 研究内容

孵化服务网络因其在资金、技术和知识等孵化支持方面,较单一的企业孵化器更具有资源优势,通过网络平台整合网络成员的孵化资源和服务,满足在孵企业在初创阶段所需的成长需求,极大地增强了对在孵企业的孵化能力。孵化服务网络对孵化资源的集聚和整合,离不开孵化服务网络成员的集体孵化合作。然而,在孵化服务网络的孵化实践中,孵化服务网络成员的集体合作不可避免地遇到诸多问题。这些合作问题的存在,对孵化服务网络的运行及其发展过程产生了不利的影响。针对孵化服务网络的合作治理问题,以往的治理研究偏重外在力量的治理,忽略了网络成员的合作治理,导致网络成员的合作程度不高。需要指出的是,孵化服务网络是一个各成员受孵化利益的驱动而组建的利益共同体。

作为一个以孵化初创企业,为区域经济带来科技创新活力为目标,以整合网络成员的孵化资源为前提的孵化共同体,其在创新发展模式的进程中,面临着如何才能建立有效治理机制,怎样才能高效整合孵化资源等之类的治理难题。与此同时,在孵化服务网络内,企业孵化器只是其中重要成员之一,大量存在着各种在业务需求和利益目标上不一致的其他成员,如何协调成员间利益分配,避免成员在集体孵化合作中出现信息不对称和搭便车现象等,已成为孵化服务网络亟待研究解决的重要问题。

在由众多异质性主体构成的孵化服务合作生产的孵化服务网络中,如何建立并完善治理机制,解决孵化服务网络成员合作中遇到的各种问题,维护成员合作,提高孵化服务网络合作的稳定性,最终提高孵化服务网络的孵化绩效,成为科技企业孵化业界关注的焦点。因此,研究孵化服务网络在孵化发展中遇到的治理问题,探索相关有效治理机制,解决孵化服务网络的治理困境,完善孵化服务网络的治理机制,对提高我国企业孵化器行业的管理水平,解决科技企业孵化业界关注的实际问题,促进我国企业孵化器行业的健康稳步发展具有重要意义。

本篇研究重点在孵化服务网络成员集体合作的动因、网络成员集体合作困境的分析和合作治理机制。

孵化服务网络集体合作治理的动因及其困境，首先从规模经济、分工与专业化、范围经济、网络经济、交易成本和协同创新等六个层面，运用相应理论并结合孵化服务网络的相关实践情况，分析孵化服务网络成员集体合作的动因。其次，从合作收益的不确定性、成员间信息不对称、监督惩罚困境和成员的机会主义行为等四个方面，研究网络成员集体合作治理的困境。

孵化服务网络成员集体合作治理的机制设计，首先基于共同体合作理论和社会资本理论，运用演化博弈理论和行为经济学，以有限理性为基本假设，以群体行为为研究对象，遵循系统论研究范式，把孵化服务网络当作一个动态演化系统，对孵化服务网络成员的行为策略做一般性和特殊性的假设，分别从信誉约束、横向监督、利他惩罚、成员准入与退出和合作激励等机制论证解决孵化服务网络成员集体合作遇到的困境。其次，基于领导者在孵化服务网络中的地位和影响，具体指出领导者的治理作用。最后，针对前面治理作用的局限性，从政府规制和法律法规约束等第三方力量治理层面，对孵化服务网络的合作治理做进一步补充研究。

孵化服务网络的合作治理案例研究，在介绍深圳清华研究院和华南新材料创新园两个孵化服务网络案例的基础上，利用案例分析方法，深入剖析其相关治理机制的内在逻辑和网络的合作治理机理，并结合案例和理论展开分析。

2 孵化服务网络治理的文献综述

2.1 国内外研究进展

关于孵化服务网络的研究,国内外学者主要从孵化服务网络结构特征、孵化服务网络互动结构、孵化服务网络构建实践、孵化服务网络治理问题和孵化服务网络的社会资本等五个方面进行研究。

2.1.1 关于孵化服务网络结构特征的研究

孵化服务网络具有很多结构特征,这些特征与孵化绩效息息相关。国外学者主要从网络主体成员的差异性层面来研究孵化服务网络结构特征。强联系优势理论认为,网络主体间的关系强度越强的孵化服务网络,网络内的孵化互动频率越大,这有利于孵化成员在技术与研发等高层次业务方面上的互信合作。弱联系优势理论则认为,异质性主体成员的存在,虽然它们之间的联系并不紧密,但却可以为孵化服务网络集聚更多异质性的资源,提高孵化能力[1]。结构洞(structural hole)理论则进一步认为,处在网络结构优势地位上的一方,具备较劣势一方更大的能动性,使得双方之间存在非对称信息博弈关系[2]。

国内学者主要从孵化绩效、结构演化和微观行为等三个视角来研究孵化服务网络结构。张宝建和孙国强利用多元回归分析方法,基于社会网络理论关于对网络结构的测度,结合我国孵化服务网络的发展实践,分析了网络结构上的关系强度、关系质量、异质性、结构洞和中心度等五个指标对创业绩效产生的具体影响[3]。王国红等基于结构演化的理论视角,认为孵化服务网络是一个具有无标度特征的复杂网络,其典型表现是孵化服务网络存在少数中枢节点,拥有

---

[1] Granovetter M S. The Strength of Weak Ties [J]. American Journal of Sociology, 1973: 1360–1380.
[2] Burt R S. Structural Hole [M]. Cambridge: Harvard Business School Press, 1992.
[3] 张宝建, 孙国强, 薛婷, 等. 网络结构对创业绩效的影响研究:基于中国孵化企业的调查分析 [J]. 软科学, 2015, 29 (3): 5–8.

比其他节点更多的连接关系[①]。葛宝山和王艺博从微观行为的视角研究网络结构的行为节点,并把它分为创新、价值、中介、智力、资金和引导等六种节点,认为每个节点在内容、动因、作用和链接方式等方面上存在不同的表现[②]。

2.1.2 关于孵化服务网络互动联结的研究

互动联结机制不仅事关孵化成员的合作以及孵化资源的共享,也会对孵化服务网络的发展产生深远的作用。Leora Rothschild 基于对以色列孵化器产业的调研经历,以代表性的孵化案例,说明孵化服务网络采用社会网络化的方式交换资源,除了资源流动效率提高外,在某种程度上也存在局限性,如技术的发展就不适合采用网络化运作方式[③]。Joanne 等认为网络主体间存在互动联结是孵化服务网络产生网络效应的前提,但不同成员间的互动联结产生不同的作用效果,比如在孵企业与其他孵化成员之间的互动,在孵企业可以掌握关于研发技术和项目前景等信息,而孵化器通过与投融资机构的互动,则掌握了关于在孵项目的市场信息和风险资金流动趋势[④]。Chen 认为孵化服务网络模式有利于提高在孵企业的创新能力,加速在孵化项目面向市场的进程,在这种模式下,孵化器发挥调制器的作用,调节和管理网络内各种孵化活动。

2.1.3 关于孵化服务网络构建的实践研究

对孵化服务网络的构建进行研究,其目的是总结网络构建的实际经验,以及掌握孵化服务网络的发展规律。在网络构建研究中,国外学者侧重于经验总结的研究。Anna 和 Charlotte 总结了对瑞典 16 家孵化器的调研经验,首先指出入孵筛选、孵化支持和网络协调等是企业孵化器运作孵化服务网络的重要工作。其次,在涉及对不同性质的孵化业务活动时,企业孵化器应采取柔性管理的策略,协调成员间合作关系。最后,各孵化主体在保持孵化合作的同时,也要在孵化服务网络中坚持独立性地位。[⑤] Tiago Ratinho 根据对葡萄牙孵化器行业的研

[①] 王国红,周建林,唐丽艳. 小世界特性的创新孵化网络知识转移模型及仿真研究 [J]. 科学学与科学技术管理,2014,35(5):53-63.

[②] 葛宝山,王艺博. 企业孵化器网络绩效的权变机理研究 [J]. 吉林大学社会科学学报,2013,53(3):58-65.

[③] Leora R, Asaf D. Technological Incubators and the Social Construction of Innovation Networks: An Israeli Case Study [J]. Technovation, 2005, 25 (2): 59-67.

[④] Joanne L, Scillitoe, Alok K. Chakrabatri. The Role of Incubator Interactions in Assisting New Ventures [J]. Technovation, 2009, 30 (3): 155-167.

[⑤] Anna Bergek, Charlotte Norrman. Incubator best practice: a framework [J]. Technovation, 2008, 28 (1-2): 20-28.

究,强调有效运作的孵化服务网络具备两个关键因素:一是孵化器与高校及政府的合作关系,二是孵化器对孵化服务网络的控制管理①。

国内学者对孵化服务网络的构建研究,侧重从构建动因和动态演变等方向进行。张力等基于动因视角,指出孵化器自身的组织架构和运营机制对孵化服务网络的构建过程影响最大②。孵化器管理者要认识到自身在孵化业务方面上存在的局限性,主动根据初创企业的成长需求,积极为在孵企业获得外部孵化支持发挥自身的中介作用。苏敬勤等用动态演变的方法,详细阐述了科研院所衍生网络、企业集团衍生网络和多主体联合衍生网络等三种网络的构建过程及特点,并指出技术、资金、空间、服务、网络和制度等六要素是影响三种模式的共有因素③。

2.1.4 关于孵化服务网络治理问题的研究

孵化服务网络的治理机制是孵化组织运行的基础和必要条件。对孵化服务网络治理问题的研究,国外学者主要从网络成员间的联结与合作关系进行探讨。Mark 认为孵化器与在孵企业之间的联结关系,对网络成员的孵化付出产生影响④。Tiago Ratinho 则根据对葡萄牙的调研观察,认为孵化器与高校的联结关系以及孵化器对这种关系的管理,对孵化服务网络成功运行起到关键作用。

国内学者对孵化服务网络治理问题的研究,主要从合作困境的产生和治理措施来着手。孵化成员的集体孵化合作,无论是从管理成本还是孵化能力上来看,都是最优策略。然而,网络主体成员间存在的诸如投入产出难以量化等信息不对称现象,降低了孵化服务网络成员的合作积极性⑤。除此之外,吴文清等通过构建企业孵化器和初创企业的投入与产出函数,证明了合作期望收益的高低、孵化项目的发展前景的好坏,都对孵化成员的合作热情产生影响⑥。对于如何解决孵化合作的困境,张涵等认为保障核心节点成员间的利益博弈均衡,有

---

①Tiago Ratinho. Towards a distinction between technology incubators and non-technology incubators: can they contribute to economic growth [C]. PLoS ONE, 2010 (1): 38 – 49.
②张力,刘新梅,戚汝庆. 孵化器"内网络"的构建与扩张:结构模型与实证分析 [J]. 科学学与科学技术管理, 2012, 33 (9): 5 – 12.
③苏敬勤,周颖,洪勇. 高新技术孵化网络生成模式及要素研究 [J]. 科学学与科学技术管理, 2011, 32 (12): 45 – 52.
④Mark P R. Co-production of Business Assistance in Business Incubators: An Exploratory Study [J]. Journal of Business Venturing, 2002 (17): 163 – 187.
⑤张涵,赵黎明. 基于合作博弈理论的科技企业孵化器网络稳定性分析 [J]. 科学管理研究, 2013, 31 (3): 57 – 61.
⑥吴文清,赵黎明,刘嘉焜. 科技企业孵化器与创业者合作行为分析 [J]. 中国软科学, 2007, 21 (4): 126 – 129.

助于提高孵化合作的稳定性，并提出通过政府的财税支持，改善投资环境和完善投资风险保障体系等措施，可以激励网络成员进行孵化合作①。

2.1.5 关于孵化服务网络社会资本的研究

在孵化服务网络中，社会资本对孵化资源的流动和利用产生重要的影响。社会资本，借鉴林南的定义，即嵌入在特定社会网络结构而拥有的资源。信任是社会资本的本质，网络是社会资本无形表现，规范是社会资本的有形表现，它们构成了研究社会资本的三个维度②。

对孵化服务网络社会资本的研究，具体可从网络治理和知识转移等两个视角，分析社会资本对孵化绩效的影响和作用。李振华等认为区域孵化器协会也是区域孵化服务网络重要的治理中心，这是因为区域孵化器协会的引入，使得社会资本对科技孵化服务网络产出的影响更大，具体表现为社会关系增加更广泛，创新资源流动性更强，信息共享程度更快。在利用天津孵化器的调研数据进行实证分析中，李振华等发现社会资本对孵化绩效的创新产出、孵化能力和就业税收等方面的影响依次降低，但从社会资本的三个维度看，信任水平仅对创新绩效有正影响，网络化规模对创新产出最大，规范对孵化服务网络整体孵化能力和创新绩效都有正影响③。王国红等从孵化服务网络知识转移路径的视角，研究发现信任水平的提高，降低了网络主体知识水平的差异性，同时，认为主体成员间的认知水平越高，越有利于知识在孵化服务网络内均匀分布④。

2.2 简要评价和研究的切入点

从上述关于孵化服务网络的研究进展的概述中，对比可知国内学者对孵化服务网络的研究侧重理论分析，而国外学者对孵化服务网络的研究注重实践研究，除了对孵化服务网络的研究所涉及的各方面进行更加透彻的经济分析外，还善于实践经验总结。总的来说，国内外学者对孵化服务网络的研究，对孵化

---

①张涵，赵黎明. 基于合作博弈理论的科技企业孵化器网络稳定性分析 [J]. 科学管理研究，2013，31 (3)：57-61.

②Lin N. Social Capital：A Theory of Social Structure and Action [M]. New York：Cambridge University Press，2001.

③李振华，赵敏如，吴文清. 社会资本对多中心治理区域科技孵化网络产出的影响 [J]. 科技进步与对策，2015，32 (7)：39-43.

④王国红，周建林，唐丽艳. 小世界特性的创新孵化网络知识转移模型及仿真研究 [J]. 科学学与科学技术管理，2014，35 (5)：53-63.

服务网络的发展和探索起到积极的促进作用。

然而，针对孵化服务网络治理问题的研究，仅从成员关系、制度层面和利益博弈等方面进行分析是远远不够的。事实上，孵化服务网络是一个利益共同体，孵化成员因孵化利益导向而联合在一起。孵化服务其实就是孵化成员集体孵化合作的产出物品。此外，孵化服务网络也是一个强调合作信任和规范等社会资本的孵化资源网络。嵌入在不同资源网络结构的孵化服务网络成员掌握着不同的孵化资源。在孵化合作过程中，这些资源为相关孵化需求者所共享和利用。孵化服务网络存在的合作信任、规范和网络，成为其掌握而积累的社会资本[①]。

孵化成员的孵化合作不仅受孵化利益共同体的结构特征所制约，也与网络成员的社会资本息息相关。鉴于此，本篇借鉴共同体和社会资本理论，在微观解构孵化服务网络的基础上，对网络成员的孵化合作动因及其遇到的困境进行深入分析，进而对孵化服务网络的合作治理问题进行全面的研究，以期为孵化服务网络的构建与发展，提高孵化成员集体孵化合作程度提供新的研究视角。

---

① 周怀峰，吴勇浩. 共同体视角下的孵化服务网络成员间的合作 [J]. 技术与创新管理，2016，37（5）：533 – 537.

3 孵化服务网络的微观解构

孵化服务网络产生于企业孵化器的孵化实践过程。孵化服务网络依托孵化服务网络成员间的合作关系以及联结关系,集聚和整合各类孵化资源,满足在孵企业的多样化和多层次孵化需求,具有较传统企业孵化器更大的资源优势和孵化能力。

3.1 孵化服务网络的概念、特征和演化阶段

3.1.1 孵化服务网络的概念

何谓孵化服务网络?国内外很多学者根据考察经验和理论研究等对孵化服务网络的含义进行了研究。王国红等认为孵化服务网络是一种高层次的孵化模式,是虚拟组织模式渗透到孵化实践的结果,它是以初创企业为孵化对象,以培育初创企业的创新和成长能力为目的的网络形态组织[1]。Anne 和 John 指出孵化服务网络实质是资源集成平台,提供共享资源为初创企业所利用[2]。

本篇在借鉴前人研究成果上,结合研究目标,把孵化服务网络定义为:孵化服务网络是企业孵化器主导的,以其充当沟通桥梁和信任中介等媒介,利用各种方式(信息、网络技术、人脉关系等)链接各种创新孵化资源,满足在孵企业的成长需求,由孵化器、在孵企业、政府、高校、行业协会及商会等组织、投融资机构和其他辅助中介等成员构成的网络。孵化服务网络本质是为在孵企业的创新发展提供孵化资源,打造具备网络形态的资源共享集成平台。

孵化服务网络本质上是一个虚拟网络,由孵化器、在孵企业、政府、高校及科研院所、行业协会和商会等组织、投融资机构和其他辅助中介等成员因孵化利益需求导向驱使而构建,是为在孵企业的创新发展提供孵化资源,打造具

---

[1] 王国红,贾楠,邢蕊. 创新孵化网络与集群协同创新网络的耦合研究[J]. 科学学与科学技术管理,2013,34(8):74-75.

[2] Anne B, John P U. The networked business incubator-leveraging entrepreneurial agency?[J]. Journal of Business Venturing, 2005, 20(2):265-290.

备网络形态的资源共享集成平台。

3.1.2 孵化服务网络的特征

孵化服务网络是企业孵化器适应孵化需求多样化的发展要求，顺应孵化产业发展趋势的必然产物。作为孵化活动网络化发展的组织形态，孵化服务网络实际上是嵌入在社会资源结构和经济系统中，由孵化利益相关方构成的有机整体。在这个有机整体内，网络成员发生信息、能量和资源交流，其最终目的是集体合作生产孵化服务，孵化在孵企业。作为新型的孵化组织模式，孵化服务网络有着与孵化要求相适应的网络特征。

1. 成员和孵化服务的异质性

孵化服务网络的异质性特征主要体现在网络成员构成和孵化性质两方面。

在网络成员构成方面，异质性表现在孵化服务网络涉及地位、作用和性质等各异的成员。首先，从孵化成员的网络地位方面来看，企业孵化器在孵化服务网络的各个领域发挥主导作用，政府对孵化服务网络的发展起到政策引导作用，高校及科研院所对孵化服务网络的实践发挥建设性的作用，投融资机构对孵化服务网络的资源整合起到重要作用，法律、税务和会计等其他辅助中介在孵化服务网络的某一方面起到重要协助作用。其次，从孵化成员在网络的作用来看，企业孵化器对孵化服务网络的各方面作用是全面而具体的，政府对孵化服务网络的作用主要体现在宏观层面，高校及科研院所、投融资机构和其他辅助中介对孵化服务网络的作用体现在不同的特定方面。最后，从孵化成员的性质来看，各成员自身的组织模式和运营方式存在很大的差异，譬如，政府和高校及科研院所是科层组织，其他网络成员一般是采用企业化的组织模式市场化运行。当然，这些成员的性质并非绝对不变的，因为即便是同类成员，其组织模式和运营方式也会存在差异，比如企业孵化器有的是事业单位性质，有的却是企业性质。

在孵化性质方面，异质性具体表现在孵化服务网络内进行多种性质不同的孵化业务。在孵企业的孵化，并不是单一性质的孵化活动。在孵化过程中，在孵企业需要场所、设备、知识、资金、管理、人才和战略等孵化业务方面的支持，在这些业务方面体现的孵化活动异质性，也正体现在异质成员构成身上，如投融资机构成员与在孵企业展开融资孵化活动，高校及科研院所与在孵企业展开知识孵化活动等。

2. 孵化服务网络的动态性

孵化服务网络并非是封闭的网络，而是与外界保持开放交流的动态系统，动态性是孵化服务网络发展过程中所呈现的主要特征之一。这种动态性具体表现在孵化需求、网络节点成员及规模和孵化战略等三方面。

首先，构建成功的孵化服务网络，无论是在孵化资源的提供方面，还是在孵化服务支持方面，并不能一劳永逸地满足在孵企业的孵化需求。随着科技进步、市场竞争和产业发展以及市场需求的改变，孵化需求会发生相应的变化，使得孵化服务网络原有的孵化服务和孵化资源难以满足在孵企业的成长需求。为了满足不断产生新的孵化需求，企业孵化器必须根据孵化环境的变化，动态地调整网络成员的构成以及各成员之间的关系，以满足在孵企业的孵化需求为导向，吸收引进新的资源，增强孵化服务网络孵化能力。

其次，网络节点成员及规模随着孵化服务网络的发展而发生动态性变化。不仅初创企业的加入和在孵企业的毕业及失败退出，还有其他成员的加入和退出，会导致孵化服务网络的成员规模发生改变，打破旧有的利益平衡关系，建立新的竞争与合作利益关系。

此外，孵化服务网络的孵化战略必须与时俱进。网络外部成员对孵化资源的争夺，其他孵化服务网络对现有孵化服务网络的潜在竞争威胁，促使孵化服务网络相应调整孵化战略，完善孵化体系，增强孵化功能，提高孵化能力。

3. 孵化服务网络成员行为的协同性

孵化服务网络成员行为的协同性，体现在孵化支持和孵化协作两个层面。

首先，为了满足在孵企业成长所需的多层次和多样化的资源和孵化服务，克服单一孵化成员在孵化资源和孵化服务的提供方面的局限性，孵化服务网络需要各网络成员通力协作，给予在孵企业在资金、科研和管理等方面上的支持。

其次，孵化服务网络内多种孵化资源的共存，以及孵化服务网络本身由多种异质性成员构成，这就使得孵化服务网络内各种关系交织在一起。例如成员间的竞争与合作，孵化资源的分配关系和孵化利益的分配关系等。为了确保孵化服务网络构建目标的实现，最高效地利用孵化资源和提升孵化能力，孵化服务网络成员在对在孵企业的孵化过程中，必须进行孵化协作，实现孵化能力互补。为此，孵化服务网络必须借助相关协调机制，通过调整孵化成员的利益分配，以便让各方服从孵化服务网络整体利益的安排，协同合作，实现孵化资源的最优配置，促进协同创新。

4. 孵化服务网络具有自组织性

孵化服务网络的自组织性主要表现在其具有自主治理的能力。

首先，孵化服务网络是一个平等、开放和动态的网络。对网络各成员而言，孵化服务网络不存在一个强制的权威领导中心。网络各成员不仅在法律地位上平等，而且在进行各种孵化活动中也是平等和自愿地协商孵化事务，结合自身条件，自行决定是否参与和退出孵化过程。

其次，孵化服务网络的治理是在内力和外力相互制约和影响作用下实现。其中内力指的是孵化成员的竞争与合作，外力指的是孵化服务网络的发展机遇、市场风险和政策环境等。

内力作用体现在两个方面：第一，任何以自身孵化利益最大化为目的的网络成员，都有通过自身的努力提升在孵化服务网络中的竞争力的动机。因为，在孵化服务网络中，哪个成员掌握的孵化资源越多或者越具有稀缺性，或者孵化能力越强，其在网络中的地位越高，话语权越大，介入的孵化事务也就越深入，自然其能在孵化服务网络的发展过程中获取更大的利益。第二，孵化成员通过有效的孵化合作，可以实现依靠自身条件难以获得的孵化利益。孵化竞争力和合作吸引力的相互作用和约束，使得孵化服务网络成员进行孵化竞争与合作，这也正是促进孵化服务网络自主治理的主要因素。

外力作用体现在发展机遇和市场风险等外部因素的改变，影响了孵化服务网络的发展条件和方向。孵化服务网络必须及时调整发展战略，实施相应的管理和治理措施，维护其发展利益和生存能力。

5. 孵化服务网络具有共同遵守的规范

孵化服务网络是一个有着共同规范的网络，这种共同规范性表现在四方面。

第一，孵化利益的认可性。孵化服务网络各成员是在对孵化服务网络的战略目标、合作程序和管理制度等规范认可的前提下，基于孵化利益的获取而加入网络，并与其他网络成员展开合作，共同孵化在孵企业。

第二，准入和退出的规范性。在孵企业的准入与退出，是经过以企业孵化器为主导，兼顾各方意见建立的相关标准与办法考核。同样地，其他孵化成员的准入，也是在征求网络现有成员的意见后，企业孵化器依据相关管理规范，做出接纳与否的决策。孵化成员若是被接纳准许进入，也必须与企业孵化器签订战略合作约束协议后才准入。现有成员若想退出网络，经过履行相关退出程序，处理好现有合作利益关系后退出。

第三，孵化合作的规范性。孵化合作并非松散的联合，而是对参与合作的孵化成员有要求并存在一般规范性的约束。在孵企业能否成功成长，除了自身的奋发图强外，很大程度取决于成长需求能否在外部环境下得到满足。对此，高校、政府和投融资机构等孵化成员要依照相关合作协议，及时了解在孵企业的成长需求，协同解决在孵企业发展中存在的问题。同时，孵化成员要积极参与为在孵企业的成长而举办的活动中去。譬如企业孵化器为创业者举办的创业沙龙、市场推介会和投资咨询会，各孵化成员要参照一般性规定积极参与，及时解决在孵企业发展遇到的难题。

第四，利益分配与协商的规范性。孵化服务网络成员在对在孵企业的孵化过程中，无可避免地会产生利益纠纷。为了维护孵化服务网络的合作稳定性，需要由企业孵化器主导建立相关利益分配机制，解决合作纠纷。

6. 孵化服务网络的集群特性

孵化服务网络的集群特性，主要表现在孵化服务网络成员和外部配套产业两个方面。

在孵化服务网络成员方面，由于孵化服务网络需要信息、资金、技术和管理等各种资源的供给，企业孵化器需要积极对接掌握这些孵化资源的各类成员。为了达到孵化合作的便利性，各相关孵化成员要么在企业孵化器周边设立分支机构和办事处，要么通过借助互联网技术，与企业孵化器共同打造快速反应、合作联动的孵化服务网络合作平台。随着孵化合作的发展，以企业孵化器为主导的孵化服务网络集聚了各类孵化相关成员，久而久之，发生了孵化成员在孵化产业上的集群现象。

在外部配套产业方面，大量的在孵企业在其成长过程中，除了需要孵化服务网络的孵化资源和孵化服务外，也对外界产生了各种各样的产业配套需求，如在孵企业需要外包厂商的生产线。同时，孵化服务网络内各网络成员集体合作，也会产生各种外包需求。各种产业配套需求和外包需求，吸引了相关产业和厂商在企业孵化器的周边区域集聚，最终发生了相关配套产业的集群现象。

3.1.3 孵化服务网络的演化阶段

随着孵化需求的变化，以及市场、政策和法律等外部环境的变动，孵化服务网络发生演变。孵化服务网络演变发展的目的，就是弥补现有孵化资源的不足和孵化功能的缺陷，不断完善孵化体系，从而提高孵化绩效。

对孵化服务网络的发展历程的划分，通常是按照某些决定性因素的指标构成的评判体系来进行分析。王国红等通过关于发展路径的研究，认为资源基础、流动机制和政策保障等三个因素，对孵化服务网络的发展过程起决定性作用，并将孵化服务网络划分为初始、开始发展、逐步成熟和成熟完善等四个阶段[1]。本篇借鉴上述的分析思路，参考产品周期的划分，把孵化服务网络分为兴起期、成长期、成熟期和衰退期等四个周期。

---

[1] 王国红，王景霞，邢蕊. 面向集群中小企业的创新孵化网络发展路径研究 [J]. 科技进步与对策，2015，32（1）：94-97.

在兴起期，企业孵化器不仅在信息、技术、资金等方面所掌握的孵化资源有限，而且集成孵化资源的能力较弱。企业孵化器与外界主体的关系较为被动，孵化相关成员与企业孵化器进行有限的流通与共享，资源流通机制的作用效果差。此时，政府对企业孵化器只是规范管理，并没有相应的政策来鼓励企业孵化器发展新的孵化模式。孵化服务网络化只是企业孵化器在探索如何克服自身孵化资源的局限性的一种新构想。孵化服务网络模式即使产生，也因被视为新事物而存在诸多风险，使得参与孵化服务网络的成员少，导致孵化能力较差，产生的孵化绩效低。1993年我国高新技术创业服务中心专业委员会的成立，意味着我国企业孵化器网络化发展时代的来临。当时，有些企业孵化器，除了注重提供孵化资源与管理服务外，也在与政府、银行和孵化器等外界主体的接触过程中，产生了利用媒介手段联络外界主体而进行孵化合作的萌芽意识。

在成长期，企业孵化器构建的孵化服务网络已成型，以其特有的新型网络化孵化模式，吸引了小部分相关孵化成员前来与企业孵化器合作。孵化服务网络在整合网络成员的孵化资源的过程中，虽然成长初期可能因成员数量有限且孵化互动次数不多，造成孵化服务网络资源基础一般，网络成员间的资源流动一般。但是随着孵化服务网络的发展，越来越多的孵化相关成员纷纷加入孵化服务网络，使得孵化服务网络的资源基础变强。同时，网络成员间的资源流通变强，流通机制发挥较强的作用。此时，政府逐渐认识到孵化服务网络的发展潜力，开始出台相关鼓励政策鼓励企业孵化器构建和发展孵化服务网络。孵化服务网络的孵化能力随着孵化实践的深入而变强，孵化效益慢慢变好。我国孵化服务网络的成长期始于2000年。在这一年，政府开始重视企业孵化器主导构建孵化服务网络，并把孵化服务网络当作培育高新技术产业的一种手段，其重要标志是出现许多地区性孵化服务网络。

在成熟期，孵化服务网络经过成长期的发展和积累，整合了非常强的孵化资源，资源基础强。由于网络内孵化互动机制的完善，成员间的孵化互动频繁，网络内流通机制发挥非常重要的作用。此时，政府出台政策给予支持，保障孵化服务网络各成员的孵化利益，孵化成员的合作稳定性相当强。由于集聚各种孵化相关成员，孵化服务网络的孵化规模能力、孵化效益非常高。根据目前的孵化实践，以及结合发展条件来看，我国的孵化服务网络还未处于成熟期。

在衰退期，由于出现更高效的其他孵化组织模式，孵化服务网络渐渐不能适应社会经济发展环境的变化，导致原有的网络成员纷纷离开孵化服务网络。网络成员的减少，使得孵化服务网络的资源基础变弱。此时，在孵化资源的流失以及孵化成员的减少的双重因素作用下，孵化服务网络的流通机制作用效用变弱。在观察到孵化服务网络的衰退后，政府停止对孵化服务网络的发展提供各种优惠的政策支持。最终，孵化服务网络的衰退，导致孵化规模能力迅速下降，孵化效益随之变差。

孵化服务网络的演化特征如表2-1。

表2-1 孵化服务网络的演化特征

演化阶段	资源基础	流通机制	政策保障	规模能力	孵化效益
兴起期	较弱	差	较弱	较差	差
成长期	一般	一般	变强	变强	变高
成熟期	强	强	强	强	高
衰退期	变弱	变差	变差	变差	变差

3.2 孵化服务网络的构成要素

孵化服务网络是一个各部分以及各要素之间相互作用的有机整体，其具有与孵化功能相适应的结构。本篇从成员构成、联结关系和结构层次等三个方面，分析孵化服务网络的结构构成。

3.2.1 成员构成

孵化服务网络是涉及多种异质成员共存的网络。下面以成员在孵化服务网络中所扮演的角色和发挥的功能作用为归类依据，把孵化服务网络的构成成员分为企业孵化器、在孵企业、政府、行业协会、高校及科研院所、投融资机构和其他辅助中介等七类成员（图2-1）。需要说明的是，在孵企业是被孵化成员，除此之外其他成员均为孵化成员。

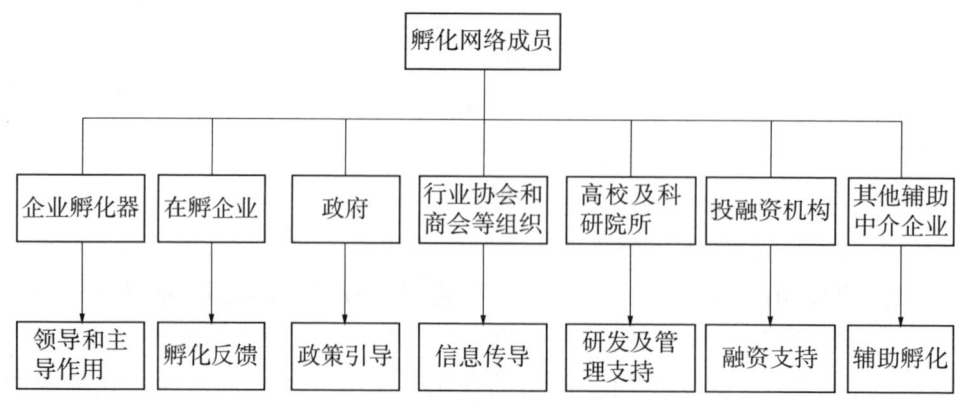

图2-1 孵化服务网络的成员构成

（1）企业孵化器在孵化服务网络的构建和发展过程中扮演领导者的角色，主导制定孵化服务网络的发展战略，以及建立各种关于孵化服务网络的运行制度，比如制定孵化服务网络成员的筛选标准和孵化合作的工作机制等。除了要密切关注在孵企业的成长情况并给予相应的孵化支持，企业孵化器还要积极与政府、高校和投融资机构等成员联络，及时向各方传递在孵企业的成长需求，争取并整合各网络成员的孵化资源，促进各网络成员进行高效的孵化合作。

（2）在孵企业是孵化服务网络的孵化对象。在孵企业的成长情况，以及其在孵化服务网络中的孵化适应情况，不仅反映了孵化服务网络的孵化能力，也给予以企业孵化器为主的孵化成员关于孵化支持的信息反馈，便于孵化服务网络及时调整孵化战略，提高孵化能力。此外，对现有的在孵企业的孵化经验，也为孵化服务网络孵化未来的在孵企业提供宝贵的经验。

（3）政府在孵化服务网络的构建和发展中发挥着政策引导和行业调控的作用。孵化服务网络的构建和发展，激发了创业人才的创业热情，通过培育高科技企业，促进地区创新型经济的发展。因此，政府不仅有较强的动机加入孵化服务网络，也有较强的意愿通过借助政策手段、财政税收和产业政策等措施，促进并保持孵化行业的发展。

（4）行业协会和商会等组织在孵化服务网络发展中，发挥介于政府与企业孵化器或在孵企业之间的关于政策信息的传导作用。对于孵化行业协会或商会组织而言，促进孵化服务网络的构建和持续发展是其成立和存在的重要任务。行业协会和商会等组织，通过收集企业孵化器及孵化服务网络的相关信息，采取调研考察和组织行业交流等方式了解本行业的发展情况，及时向政府传递本行业的发展情况及存在的问题，协助政府决策，积极为孵化服务网络的发展争取政策支持。

（5）高校及科研院所在孵化服务网络的构建和发展过程中，首先以其在科研资源和人才队伍等方面的优势，向孵化服务网络提供研发和管理支持。其次，除了教育和科研研究之外，高校也要为社会和企业的发展提供服务，比如针对孵化行业的实践情况，为孵化服务网络的发展提供理论指导，这也是高校及科研院所存在的意义和目的。

（6）投融资机构以资金供给者的身份，对在孵项目和企业提供融资支持。投融资机构包括天使投资、创业投资、风险投资、产业资本和银行等机构。尽管这些机构的存在都能为孵化服务网络提供孵化资金来源，但它们之间的差异在于根据在孵企业所处发展阶段的不同而提供不同种类的资金支持。例如天使投资主要为概念期和种子期的孵化项目提供资金，创业投资和风险投资主要投资处在初创期中的在孵企业,产业资本和银行资金则主要投向处在成长期的在孵企业。

(7) 其他孵化中介以中介服务的提供者的角色,对网络成员间的孵化合作发挥孵化辅助的作用。其他孵化中介是指在会计、法律、税务、广告、咨询和营销等方面为孵化服务网络成员提供相应的中介服务的成员。这些成员在各自专长的领域,具有丰富的行业经验,并提供专业性较强的服务。对孵化服务网络而言,这些成员的加入延伸了孵化服务范围,有利于提高孵化服务网络的孵化绩效。

3.2.2 孵化服务网络的联结

孵化服务网络是一个多种联结行为并存的复杂关系网络。网络成员间的行为联结关系,驱动并影响孵化服务网络内部运行着的资源流、信息流、知识流、资金流、技术流、人才流和政策流等孵化资源的流动。在孵化服务网络中,最重要的关系是企业孵化器与各行为主体之间的关系,他们之间的关系状况直接影响到孵化服务网络的孵化绩效。

由于不同行为主体对企业孵化器的作用及影响的差异,其内部的联结关系结构存在着不同的研究思路。王艺博在其博士论文《外部环境、孵化服务网络对孵化绩效影响的实证研究》中,根据社会因素和自身意志的两种因素,把孵化服务网络成员间的联结关系分为诱致性和强制性两种网络关系。其中,诱致性关系联结主要指外部行为主体受孵化服务网络的长期孵化利益所影响,诱使这些行为主体(政府、辅助中介和投融资机构等)参与和支持孵化服务网络的运作。强制性关系联结主要指企业孵化器与其可以控制的在孵企业之间的关系[1]。

为了能更进一步分析孵化服务网络中的成员关系,本篇在上述研究的基础上,根据联结的目的、联结方式和联结效果,把孵化服务网络中的联结关系划分为基于市场交易的联结、基于合作契约的联结和基于产权的准一体化联结(表2-2)[2]。

---

[1] 王艺博. 外部环境、孵化网络对孵化绩效影响的实证研究 [D]. 吉林大学管理学院, 2013: 43-46.
[2] 王三义, 刘新梅, 吴翠花, 等. 企业联盟网络联结方式的机理研究 [J]. 生产力研究, 2006 (11): 225-227.

表2-2 孵化服务网络成员间的联结方式

联结方式	联结目的	联结方式	联结效果
基于市场交易的联结	扩大市场业务的需要	价格机制	松散、依赖性不强的合作关系
基于合作契约的联结	长期的战略利益的需要	合作契约、组织网络协议	稳定的协作伙伴关系
基于产权的准一体化联结	规避风险和共享利益的需要	产权协议	稳定的合作组织关系

在孵化服务网络的联结行为关系网络中，基于市场交易的关系联结主要发生在企业孵化器与其他辅助中介之间的合作过程。这类网络联结大多因在孵企业成长过程以及孵化服务网络成员间合作衍生出来的业务而产生，潜在的业务市场吸引他们加入孵化服务网络，并协助孵化服务网络的孵化合作。

基于合作契约的关系联结主要发生在企业孵化器与在孵企业、企业孵化器与高校及科研院所等成员之间。通过合作协议方式明确双方的分工与利益，并在长期紧密的孵化合作中实现战略利益。由于合作协议的约束，此类网络联结关系通常具有一定的强制性，支撑着孵化服务网络的发展。

基于产权的准一体化联结主要发生在企业孵化器与创业投资、风险资本和企业孵化器与政府之间，通过以产权为纽带的方式，在收益互享和风险共担的孵化合作过程中，整合并利用资源，扩充孵化资源网络，支持孵化服务网络的发展。

需要说明的是，在孵化服务网络的发展过程中，各种类型的网络联结关系并非是相互独立、隔离的。在一定条件和环境下，成员间关系联结方式可以相互转化。例如，基于市场交易联结关系的成员由于长期战略和市场利益的考虑，通过缔结合作协议，实现更加紧密的合作关系，转化为基于合作契约的联结关系。当然，出于对孵化合作风险的考虑，成员间基于合作契约的联结关系也可转变为基于市场交易的联结关系。

3.2.3 孵化服务网络联结的节点

孵化服务网络是以企业孵化器为中心节点，由其放射链接众多异质性成员而成的合作系统。企业孵化器的存在，对于存在众多异质性成员以及多种联结关系的孵化服务网络而言，具有极其重要的作用。

首先，企业孵化器与其他孵化服务网络成员发生直接关系，他们之间的关系网络构成了孵化服务网络的中心网络。由企业孵化器所控制的中心网络的成员合作状态影响了整个孵化服务网络的孵化合作关系。

其次,企业孵化器是网络的连接点。不论是在孵企业,还是高校及科研院所和政府等孵化服务网络成员要想加入孵化服务网络,都要经过企业孵化器的准许。

此外,企业孵化器在孵化服务网络进行的涉及知识、信息和资金等孵化资源流动中充当中介或桥梁作用。如果企业孵化器这个节点出现问题,孵化服务网络就会出现系统性瘫痪,具体表现为网络成员间的孵化合作发生中断。为了促进孵化服务网络的发展,企业孵化器需要居间协调各网络成员之间的利益关系,维持孵化服务网络的合作稳定。

3.2.4 网络结构层次

孵化服务网络是由内、中、外三层子网络构成的系统。孵化服务网络构建和发展的目的是孵化和培育在孵企业和项目。一般而言,对在孵企业提供的孵化功能越多,与在孵企业的孵化关系强度越强,孵化服务网络成员在网络结构的中心度就越强。此外,孵化服务网络成员在网络中的地位越高,其在网络结构的中心度也越强。基于上述分析,我们可根据孵化服务网络成员在孵化功能、孵化关系和网络地位三个方面的表现,把孵化服务网络的结构层次划分成内层、中层和外层等子网络。如图2-2所示。

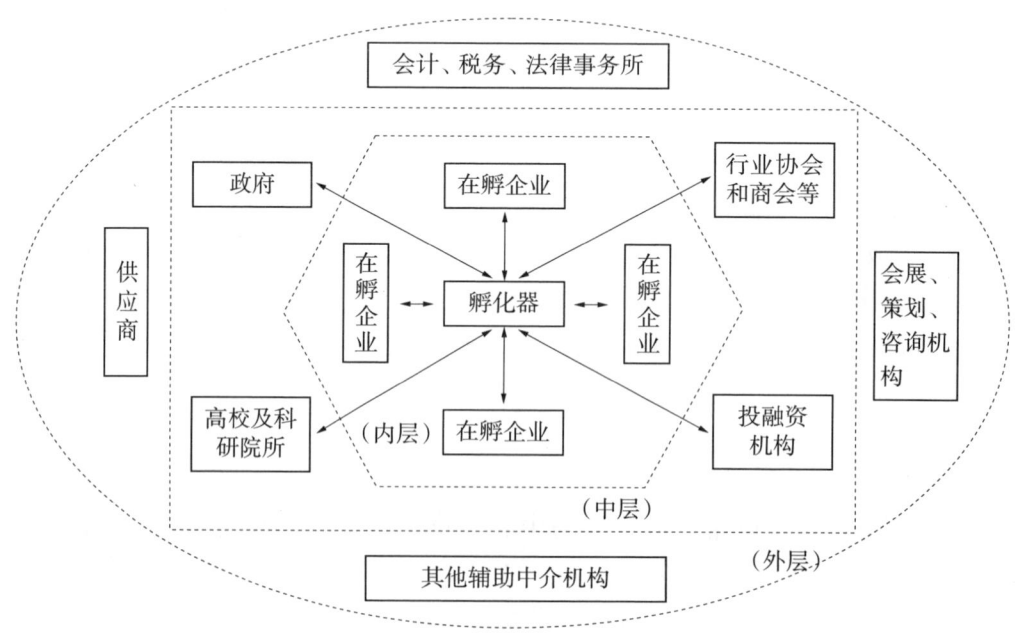

图2-2 孵化服务网络的层次结构

内层网络主要由企业孵化器和众多的在孵企业组成。首先，从孵化作用方面看，企业孵化器能为在孵企业提供从日常的场地出租、公司管理支持到投融资孵化服务等方面的孵化支持。其次，从孵化关系方面看，相较于其他网络成员，企业孵化器与在孵企业之间的孵化互动次数更多。除此之外，企业孵化器对在孵企业全程进行孵化管理，并对其进行日常的孵化考核等。在频繁的孵化互动和管理中，企业孵化器与在孵企业建立非常强的孵化关系。最后，从网络地位方面看，由于孵化服务网络本身就是在企业孵化器的主导下构建和发展的，企业孵化器对孵化服务网络的运行和管理具有非常大的话语权，其在孵化服务网络中地位非常重要。

中层网络主要由政府、高校及科研院所、投融资机构和行业协会及商会等组织组成。首先从孵化功能方面看，中层网络成员为在孵企业及孵化服务网络所能提供的孵化服务种类比较单一，但专业性强，优势明显。比如投融资机构可以为在孵企业提供专业的融资支持和服务，这是其他成员无法比拟的。其次，从孵化关系上看，因中层网络成员与在孵企业之间的孵化互动频率，介于企业孵化器和外层成员之间，故中层网络成员与在孵企业的关系强度也就在这两者之间。最后，从网络地位方面看，中层网络成员因其在某一孵化领域具有优势，比如政府在政策支持方面、高校及科研院所在研发和管理支持方面、投融资机构在孵化资金支持方面以及行业协会等组织在孵化行业指导方面具有绝对的优势，所以这些成员对孵化服务网络的构建和发展过程具有重要的作用和影响力。

外层网络由专业事务所（会计、税务和法律）、供应商、市场中介机构（会展、策划和咨询）和其他辅助中介等机构组成。首先，从孵化功能方面看，这些成员一般以外包方式，解决孵化服务网络成员孵化合作过程产生的中介服务需求，对孵化服务网络的运行提供辅助孵化支持。其次，从孵化关系方面看，外层网络成员与在孵企业之间的关系强度较弱，这是因为外层网络成员一般以企业孵化器为沟通中介和信任桥梁，只有对在孵企业有较深的了解后才会与在孵企业直接合作互动。最后，从网络地位方面看，这些外层网络成员在孵化服务网络中地位较低，对孵化服务网络的构建和发展过程不具有重要的作用和影响力。对于外层网络成员而言，加入孵化服务网络是其自身拓展业务发展的一种渠道。

3.3 孵化服务网络成员间的合作关系

孵化服务网络对在孵企业的孵化过程，涉及网络内众多网络成员间的孵化合作安排，这导致孵化服务网络成员间存在多种合作关系。下面以企业孵化器或其他孵化成员是否主动发起并参与孵化成员间的孵化合作为分类依据，把孵化服务网络成员间的合作关系分为企业孵化器发起的孵化合作和其他孵化成员发起的孵化合作。

3.3.1 企业孵化器发起的孵化合作

企业孵化器由于其在孵化资源和服务等方面上存在局限性，需要主动与高校及科研院所、政府、投融资机构、行业协会及商会和其他辅助中介机构等成员保持密切联系，以必要的合作形式进行各种孵化合作，促进孵化服务网络内的信息、资金和知识等孵化要素的流动，提升孵化能力。

在孵化实践中，根据对在孵企业的孵化需求，或者在孵企业亟待解决的某些孵化方面，企业孵化器主动发起与其他孵化成员通过以两方、三方或三方以上的合作方式，共同孵化在孵化企业。其中，两方之间的合作是指企业孵化器单独与一类孵化成员进行孵化合作。三方或三方以上的合作是指企业孵化器与数量超过两方的其他孵化成员进行孵化合作。

两方之间的合作，较为常见的是企业孵化器与高校之间的孵化合作，或者企业孵化器与投融资机构之间的孵化合作，或者企业孵化器与政府之间的孵化合作。处在不同的发展阶段的在孵企业，其孵化需求是不同的。比如当技术研发或产品测试成了在孵企业发展中的主要矛盾时，由于其项目属于高科技领域，而且具有知识专业性和复杂性的学科背景，企业孵化器难以提供相应的孵化支持。这时，企业孵化器需要寻求与高校及科研院所之间的合作，通过借助高校及科研院所拥有的雄厚的研发师资和大量的先进设备，解决在孵企业的研发需求。研发需求解决后，当融资问题成为在孵企业产品上市前的最大问题时，企业孵化器需要与风投等投融资机构开展合作，利用他们的资金优势解决在孵企业的资金瓶颈问题。

三方或三方以上的合作，常见于企业孵化器与高校和投融资机构之间的产学研合作，或者企业孵化器与政府、高校和投融资机构之间的多方孵化合作。在孵企业成长过程中所需要的孵化需求是多种多样的。当企业孵化器和其他孵化成员所进行的两方合作，难以满足在孵企业的多层次和多样化的孵化需求时，企业孵化器就需要主动引进其他孵化成员，扩大合作成员数量，利用各自的资源和服务，共同解决在孵企业的成长遇到的问题，满足其孵化资源需求，提高孵化绩效。

3.3.2 其他孵化成员发起的孵化合作

孵化服务网络内除了企业孵化器之外的其他孵化成员,也有动机和意愿主动发起与其他孵化成员之间的孵化合作。其他孵化成员通过合作方式,利用合作方所掌握的稀缺孵化资源,实现合作效益最大化的目的。

在孵化实践中,其他孵化成员发起的孵化合作最为常见的是高校及科研院所主动发起的产学研合作。高校或科研院所在政府经费的大力资助下,研发和积累了许多科技成果。当这些成果亟待实现产业化时,高校可以通过转让部分知识产权,或者以合作出资设立项目公司的方式,在孵化服务网络内主动寻求外部合作方,比如吸引企业孵化器的创新人才,或者与开展类似项目的在孵企业进行合作,利用合作方的力量,促进科技成果的产业化,创造新价值造福社会。

除了高校及科研院所外,政府、风投等投融资机构或其他孵化成员也可能主动发起孵化合作。比如政府为了发展创新型经济,通过财税支持或政策支持等措施,激励创新人才进行高科技项目的创业,并且政府与企业孵化器或风投等投融资机构开展针对性的合作。此外,风投等投融资机构主动寻求高校等孵化成员,参与对投资项目或企业的孵化合作等。总之,每类孵化成员都有在资源或能力等方面上的局限性,通过寻求外界的力量弥补发展短板,在与外界的合作中实现自身发展。

4 孵化服务网络集体合作治理的动因及其困境

孵化服务网络构建和发展的最大动因,在于孵化服务网络成员通过集体孵化合作,实现孵化成功后的收益分享。这表明孵化服务网络是一个类似的共同体,网络成员存在共同的目标(分享孵化成功的收益,虽然可能是俱乐部产品,但成员也能分享其中外溢的部分利益),有着共同的集体行动(孵化合作提供孵化服务)。下面将从合作动因和合作困境两个层面分析孵化服务网络的集体合作。

4.1 孵化服务网络集体合作治理的动因

合作动因是推动孵化服务网络成员集体孵化合作的动力。下面从规模经济、分工与专业化、范围经济、网络经济、交易成本和协同创新等六个方面,分析孵化服务网络集体合作的动因。

4.1.1 规模经济效应

规模经济是指在技术条件不变的状态下,随着企业生产规模的扩大,产品产量增加的幅度超过了要素投入增加的幅度,每单位产品的平均成本随产量的增加而降低的经济现象。产生规模经济的因素,一般可概括为两种:固定成本分摊效应和学习经验效应。

固定成本分摊效应指在短期内,企业的产品产量规模越大,分摊在每一单位的固定成本就越低,企业的产品也就越有成本竞争优势。学习经验效应指的是在产品的生产过程中,工人经过多次生产操作,掌握了操作要领,积累了工作经验,再通过学习和总结,提高了工作能力。工人在相同时间内要比以前生产出更多数量的产品,使得企业产品的平均成本下降。

对孵化服务网络而言,规模经济性体现在两个方面:场地及设备的高效利用和孵化成本的优化。

场地及设备的高效利用体现在两个层面：一是在孵化服务网络日常运作过程中，企业孵化器会以自有物业或承租他人物业的方式，再以集中办公或共享会议室、接待室和茶水间等空间的方式，向在孵企业出租场地。这对于在孵企业而言，能够以经济合理的租金价格解决办公场所需求，节省了资金；对于企业孵化器而言，可以高效地最大化利用孵化场地，提高了物业的租金收入。二是高校及科研院所的闲置实验平台及设备，通过有偿使用的方式，满足在孵企业对这些设备的应用需求。在孵企业的创业项目，尤其是高科技项目需要专门的实验设备和平台去测验项目成果的可行性。对于缺乏资金的在孵企业来说，通常是没有财力去投资这类实验设备的。而在我国，因为有政府科研项目资金的大力支持，高校及科研院所建设了一批高标准的实验平台，拥有各种造价昂贵、高精尖的实验设备。由于科研项目结题和实验平台及设备应用的专门性，以及其他种种原因，高校及科研院所拥有的这些平台和设备有相当一部分是闲置的，利用率低。倘若高校及科研院所与企业孵化器就实验平台及设备的共享利用达成协议，以有偿使用、灵活收费方式，向在孵企业提供实验平台及设备，无疑对各方都有利。一是提高了高校及科研院所的闲置实验平台及设备的利用率，还获得了一定的租金收入；二是减轻了企业孵化器为在孵企业投资实验平台及设备的资金压力；三是满足了在孵企业对实验平台及设备的应用需求，减轻购买实验设备的投资压力。

孵化成本的优化，具体可归结为孵化需求的同质化和孵化合作的外部性等两个层面。

首先，孵化服务网络所有孵化对象都是满足相应的准入门槛，符合网络孵化要求的初创企业，当其成长到特定的阶段或孵化失败，就要退出孵化服务网络。孵化服务网络存在的这种准入和退出机制，除了使得孵化服务网络中的在孵企业发生动态的变动之外，也导致了孵化服务网络成员面对的是在发展阶段、成长能力和孵化需求等方面存在相类似甚至同质化的在孵初创企业。因此，孵化成员在初期孵化在孵企业所积累的孵化经验和掌握的孵化规律，可轻车熟路地运用到对下一家在孵企业的孵化中去，减少孵化成本。

其次，由于各孵化服务网络成员是在共同利益的驱动下而联结于同一个网络，他们之间必然会发生频繁的孵化互动以及进行集体合作。孵化服务网络成员各司其职地对在孵项目孵化付出的同时，也为其他孵化服务网络成员的孵化努力做好铺垫。比如高校及科研院所帮助在孵企业解决了管理和发展战略问题后，投融资机构在对孵化项目进行融资支持的过程中，不用花费太多成本和精力去处理自身并不擅长的孵化企业面临的管理和发展问题。除此之外，企业孵化器由于为入驻的初创企业提供办公场所,而存在与在孵企业互动沟通的便利性,使得企业孵化器监督乃至督促在孵企业在与其他孵化服务网络成员合作过程中保持尽职尽力,减少其他方的监督成本和沟通成本,实现各方的合作利益。在某种层面,网络成员孵化合作中存在的这种有利于他方利益的现象可归因于合作的外部性,只是这种外部性,使得孵化服务网络成员在集体孵化合作中,一定程度地减少了各方不必要的孵化成本。

4.1.2 实现分工与专业化经济

分工与专业化经济最早由亚当·斯密提出,以科学的方法把产品的生产过程合理分解成不同工序,有衔接地专业化完成每道工序,在一定程度上可大大提高企业的生产效率。早期福特汽车的流水线生产就是一个有名的案例。

孵化服务网络的分工与专业化经济,体现在孵化服务网络各种孵化功能由不同的优势主体成员来实施。以往的单一企业孵化器在孵化在孵企业的过程中,通常是以自身能力去解决初创企业所需的资金、技术、设备和人才等孵化需求。在这种孵化模式下,企业孵化器所提供的孵化功能不仅有限,而且孵化支撑不足。比如相对于天使、风投和产业资本等机构,企业孵化器所提供的孵化资金极其有限,很难满足初创企业对资金多种需求。此外,企业孵化器提供的管理支持,与高校及科研院所等成员相比,管理支持深度不足,难以发现并解决在孵企业成长过程中遇到的实质性发展问题。

在孵化成员集体孵化合作的孵化服务网络中,为了最大限度地满足在孵企业的各种成长需求,以企业孵化器为主导的孵化服务网络聚集和链接了政府、高校及科研院所、行业协会和商会等组织、投融资机构(天使、风投和产业资本等)和其他辅助中介等成员。这些孵化成员在孵化过程中进行孵化分工,在各自专业的业务领域,为在孵企业提供最专业的孵化支持,提高在孵企业的发展能力。比如在孵化分工中,高校提供研发和技术支持,投融资机构提供专业性融资支持等。

4.1.3 实现范围经济

范围经济是指企业因生产经营范围的扩大,或者业务种类的增加而产生的经济。通俗地讲,当两种或两种以上的产品联合生产的总成本低于分别单独生产这些产品的总成本时,企业生产就存在范围经济。

孵化服务网络的范围经济,体现在孵化成员的协同性和孵化知识的溢出作用等两个层面。

首先，从孵化成员的协同性层面分析，由于孵化服务网络是一个成员孵化合作的利益共同体，作为主导者的企业孵化器，可以通过协调各成员的孵化合作安排，以及整合各类主体成员的孵化资源，使得孵化服务网络可以同时提供多样化的孵化服务，发挥联合孵化成本优势。事实上，孵化服务网络联合孵化成本要低于各孵化成员分别单独对在孵企业进行孵化的成本之和。这是因为孵化业务种类尽管不同，但这些孵化业务存在某些交叉性的环节。比如对在孵企业的孵化支持，不管是高校的研发支持，还是投融资机构的融资支持，都需要收集相应的项目信息和市场前景信息。

其次，从孵化知识的层面分析，孵化成员对在孵企业的孵化支持中所产生的孵化知识，为网络内的其他主体成员所利用，通过改变自身的战略，提高自身的生存能力。比如当高校及科研院所针对在孵企业遇到的管理难题，提出新的管理理念和方法时，这些管理理念和方法不仅仅使在孵企业受益，也可通过孵化服务网络内的知识传播，使存在相同管理问题的其他网络成员受益。

4.1.4 网络经济效应

网络经济是知识经济与网络经济时代的产物，与规模经济和范围经济相区别，它强调存在关系联结的两个或两个以上的主体，在共有要素的多重使用上所创造的经济性[①]。网络经济有四个特征：一是转让共有要素的低成本或无成本，多组织或多主体相结合所创造的产出乘数效应；二是投入要素除了来自组织内部成员所拥有的资源之外，也可通过组织成员的社会网络关系，利用组织外部的资源；三是复数主体是通过知识、信息和技术等共有要素的多重利用，创造经济性；四是联结经济与介于市场和企业之间的网络等中间组织存在密切关系[②]。

就孵化服务网络的网络经济效应而言，其具体体现在三个方面。

第一，孵化服务网络本身是由多种不同类型的成员构成。任何成员都是嵌入不同社会网络、资源网络以及不同网络位置的个体。它们的存在不仅直接给孵化服务网络带来各种资源，必要时也可根据在孵企业的成长需求，链接各种各样的外部资源。内外部资源的获得，使得孵化服务网络更具有孵化能力，在孵企业更容易获得孵化支持。

第二，孵化成员虽在业务等方面上存在差异，但获取孵化利益的合作动因，

---

① 任志安. 知识共享与规模经济、范围经济和联结经济 [J]. 科学学与科学技术管理, 2005 (10)：119 - 124.

② 纪宝山. 网络经济的外部性与联结经济效能 [J]. 数量经济技术经济研究, 1998 (8)：61 - 64.

使得他们之间存在依赖关系，这种关系促使他们在网络内部进行生产要素转让中，做出价格让步，从而促进多种网络成员之间的合作，实现孵化产出的乘数效应。比如天使资本、风投资本等投融资机构方便、快速、低成本甚至无成本地从企业孵化器那里，获得了在孵企业的成长信息以及融资需求；会计、税务等辅助中介机构低成本甚至无成本地向企业孵化器反馈网络内在孵企业的财务和税务等情况，以便于企业孵化器调整孵化策略，改变孵化措施，有针对性地联合其他孵化成员，共同解决在孵企业成长所遇到的困难。

第三，孵化服务网络不同成员存在着的共有要素和资源，能够为在孵企业带来持续的多重利用，创造使用上的经济性。例如企业孵化器自有的孵化资金与天使、风投等投融资机构提供的资金，针对在孵企业的不同成长阶段和融资需求特点，灵活安排不同资金主投和跟投的投资组合策略，在满足在孵企业的融资需求时，降低在孵企业的融资成本，帮助其快速成长。

4.1.5　节约交易成本

交易成本思想最早由科斯（Coase，1937）在《企业的性质》提出，用来解释企业存在的意义及其边界大小，交易成本是衡量市场与企业之间转换的尺度。不管是市场、企业还是网络组织，都不可避免地发生交易成本。交易成本可分为事前和事后的成本。其中，事前成本包括交易对象及交易对手的信息搜寻成本，具体交易内容的协商谈判成本和制定交易条款的契约成本；事后成本包括交易执行成本、交易实施的监督成本和交易改变的转化成本及约束成本。

对于事前与事后的交易成本为何会产生？它们又受到哪些因素的影响？主流经济学把产生交易成本的原因归结于人性因素、与特定交易有关的因素和交易的市场环境因素。其中，人性因素不只是人的有限理性，也包括谋取最大利己利益的机会主义行为。

与特定交易有关的因素，可具体划分为资产专用性，交易不确定性和交易频率等三个方面。资产的专用性程度，不仅是其自身用途的多寡，也包含人们对该项资产的利用程度，这种判断会影响使用者对它的投入成本。交易存在的不确定性使人们不得不衡量收益与风险之间的关系，交易是否能接受。交易频率则影响交易方式的相对成本。在相同条件下，熟人之间更易达成交易，而且交易成本更低。

交易的市场环境因素，则具体包括制度环境成本和交易难易程度等两个方面。人都处于在一定的制度环境之中，人与人之间是否信任、交易惯例是怎样的、交易行为涉及哪些税等，这些都包含在制度环境成本之中。潜在交易对手的多少以及信息等资源流通的便利性，则直接影响着交易难易程度。

交易成本的产生及大小直接影响合作交易效率。具有网络组织形态的孵化服务网络如何减少交易成本，提高孵化合作效率呢？

首先，孵化服务网络成员都是基于对集体孵化合作的共同愿景的诉求而加入网络中，双方之间存在长期孵化合作的需要。为了实现长期孵化利益，孵化服务网络存在相应机制，避免成员之间的短期机会主义行为。

其次，孵化服务网络存在必要的互动机制，比如创业交流分享制度、项目路演安排，导师辅导计划等。这些机制的存在，有助于孵化服务网络成员之间进行紧密互动，增进各方之间的了解。例如投融资机构通过网络内信息平台，能够及时了解在孵项目的进展；高校能够针对孵化项目的研发需求，给予必要的实验设备支持等。双方之间相互了解，增进了彼此的信任，使得网络成员优先考虑与孵化服务网络成员展开合作，降低孵化合作交易的不确定性。在频繁的孵化互动之中，网络成员之间除了达成合作的默契，也有利于隐性知识的传播与积累，减少不必要的信息搜寻成本、协商谈判成本和契约制定成本。

最后，孵化服务网络是一个相对有界限的开放组织，存在必要的机制去督促网络成员之间孵化合作，畅通内部资源流动渠道，设定可选择的合作交易方式，以此实现较为稳定的网络孵化合作环境。

4.1.6 实现协同创新

从博弈论的角度来看，协同创新是非合作博弈转变为合作博弈的过程。合作博弈的目的，在于获得比非合作博弈状态下依靠自身竞争所得的利益更多。协同创新所涉及的并非是生产要素简单的线性组合，而是凸显非线性特征的要素组合[①]。

一般而言，企业之间的协同创新可发挥两种重要功能。

一是资源互补共享，实现协同经济。一方面，对于资源多但创新能力欠缺的企业而言，可通过与需要这些资源的外在主体开展必要的合作，实现资源的最大化利用；另一方面，对于创新能力强但资源匮乏的企业而言，可借助协同创新合作机制，与拥有丰富资源的其他企业合作，实现创新能力的输出。协同创新机制通过把闲置的资源与超强的创新能力相结合，发挥资源和创新能力优势，实现协同经济。

二是风险分摊，利益共享。在现代市场环境下，企业要进行一项创新活动，

---

① 胡源. 产业集群中大小企业协同创新的合作博弈分析 [J]. 科技进步与对策，2012，29 (22)：108 - 111.

特别是与高科技有关的项目，不仅投入成本大，研发时间长，而且项目的成功率也不高，投资回报风险大。在这种情况下，企业对开展创新活动持非常谨慎的态度。然而，在协同创新机制下，企业与企业之间可以通过必要的合作安排，实现成本分摊，创新风险共同承担，创新成功利益按比例分享，协同效应凸显。对单个企业而言，这无疑极大地降低了自身的投入成本，而且更能发挥群策群力的优势，加快创新过程，最终实现投入成本与创新风险在自身可承受的范围之内。

孵化服务网络的协同创新，可从孵化互补性和联合孵化性两个层面分析。

孵化互补性，体现在初创企业对要素需求的多样性和网络成员的异质性等两个方面。一方面，孵化服务网络孵化对象是企业资源和能力较为欠缺的初创企业，它们在发展过程中对资金、技术和人才等要素的需求，总体上是非常迫切的。另一方面，企业孵化器尽管在场地办公和管理支持等方面上可能存在优势，但对于在孵企业的成长而言，它很难做到全方位、多层次和宽领域地为在孵企业提供孵化支撑。在孵化服务网络内，多种拥有不同资源和能力的孵化成员的存在，弥补了企业孵化器自身在孵化资源和能力方面上存在的不足（图2-3所示），在最大化地给予在孵企业孵化支持的同时，也是网络成员互补利用各方资源和企业能力，创造最大化经济利益的过程。

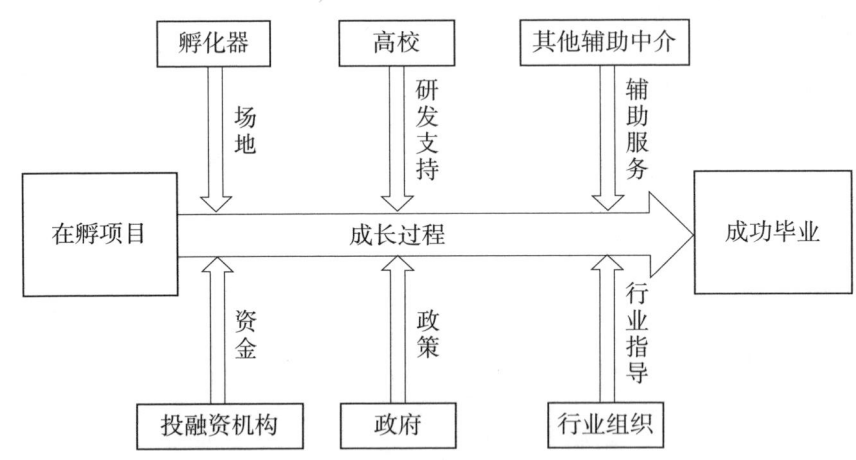

图2-3 孵化合作的协同创新

联合孵化性是孵化服务网络存在的本质属性。从构建动因和发展目的而言，孵化服务网络的存在就是为了满足在孵企业的孵化需求，以企业孵化器为主导，联合网络成员，利用各网络成员的优势资源和孵化能力去培育在孵企业，帮助其快速成长。

孵化服务网络存在的本质属性决定了孵化服务网络必定是一个成员合作的风险共担、利益共享的共同体，它必然存在一系列的合作安排协议、制度及机制，根据各方的实力和风险承受力，灵活协调各方的孵化行动，最终形成强大的孵化合力。

孵化服务网络成员间的联合孵化性，对整个孵化服务网络而言，是行动协调和资源配置等孵化安排的基础。对于每个网络成员而言，它通过协议安排或合作机制，合理分散了在孵企业的孵化风险，各方根据自身的实力和风险偏好，分担相应的孵化成本和承受对应的孵化风险。比如，孵化服务网络经常出现的企业孵化器、在孵企业和高校及科研院所等三方之间的产学研合作，通过在投入成本和风险回报上的协议安排，三方展开合作，各司其职，实现了协同创新。

4.2 孵化服务网络成员集体合作治理的困境

孵化服务网络成员的集体孵化行动，尽管其背后存在诸多的合作动因。然而，在某种程度上，孵化服务网络是一个正和博弈的利益兼容群体。但在孵化服务网络的某些合作中，它也可能发生利益的不兼容。孵化服务网络成员同样也是理性的经济人，有利己的动机，虽然供给孵化服务表面上利他，但实际上利己（为了获取孵化收益）。孵化服务网络存在的合作困境，影响着孵化服务网络成员的集体合作。下面从收益的不确定性、成员间信息不对称、监督惩罚困境和成员的机会主义行为等四个方面，分析孵化服务网络成员集体合作困境。

4.2.1 合作收益的不确定性

合作收益的大小及风险性，不仅关系到孵化服务网络成员的流动性，即是否有动机加入或退出孵化服务网络，同时，也影响网络成员孵化合作的意愿和积极性。现阶段，合作收益的不确定性主要来源于孵化服务网络的孵化对象，即处于初创期的在孵企业。

首先，这些创业企业的项目多数属于高科技行业领域，虽然其具有创新性，项目长期前景好，但是产品还未成熟，短期内，需要大量的人才和资金投入，其项目成果能否成型并得到市场认可还是一个未知数。其次，创业企业的管理者绝大部分是科技人才出身，企业管理经验缺乏，市场开拓和产品营销的能力欠缺。这两方面因素的存在，决定了在孵初创企业的成长具有很高的风险性，导致了其项目投资回报风险大，短期收益率大小不确定。

即使在孵企业的项目市场前景好，长期回报被看好，但是相比成熟企业，同等数量的资金和人才等孵化资源的投入配置,对前者的投入在短期内可能难以获得可观的投资回报,而且投资风险更大,甚至可能面临投资亏损问题。

在这种情形下,如果追逐合作利益最大化的部分网络成员,过重地考虑初创企业项目的投资回报不确定性,就会缺乏合作意愿和积极性,不能及时地根据在孵企业的成长情况,相应地投入和配置相关孵化资源,也不愿积极与其他网络成员展开孵化合作。

因此,孵化服务网络部分成员因孵化合作收益的不确定性,而对集体孵化合作持有保留或怀疑态度,无疑将影响孵化服务网络成员集体生产最大化孵化服务的合作积极性,不利于在孵企业的成长。

4.2.2 成员间信息不对称

信息不对称现象广泛存在于孵化服务网络发展过程中,尤其是成员间的信息不对称,它的存在无可避免、难以消除,在很大程度上影响了孵化服务网络成员集体孵化合作时的意愿。

成员间存在信息不对称的现象,主要有两方面的原因。

一方面,关于网络成员的信息,一般可分为私有和非私有信息,两者的区别在于前者一般难以通过信息收集、成员互动等渠道获取。为了确保自身的利益和主动权,理性的利己主义者在合作互动中,都有隐匿某些对他人不利的关于自身的私有信息动机。孵化服务网络成员都是利己的理性经济人,在加入孵化服务网络之前或许有各种非利益的因素考量,但是谋取自身利益最大化(不仅是经济利益,也可以是非经济利益),始终是孵化服务网络成员在与其他成员进行孵化合作时的重要考虑因素。

另一方面,市场竞争的日益激烈和经济政策的变动,引起经济发展环境发生翻天覆地的改变。环境的变化使得孵化服务网络成员,在双方或多方的合作过程中,自身的竞争境况发生了变化,成员的某些优势变成了劣势,或者说所提供的资源不再是稀缺的。在这些情形下,原有合作合约可能难以反映当前利益关系,也可能对新环境下合作过程产生的各种新情况无法具体划分各自责任归属。由于合作合约的局限性,为了获得利用合作对方的优势资源或稀缺资源,或者获取合作过程中的额外利益,孵化服务网络成员有可能、有动机故意隐瞒对对方不利或存在高风险的私有信息,阻挠某些未来将对己不利的责任承担条款写入合作合约,造成对方将来的合作利益受损或过多承担风险责任,破坏双方合作的互信度。

利己主义的动机和合作合约的不完备,导致了孵化服务网络成员在合作中广泛存在各种潜在的信息不对称，降低合作双方的合作信任和意愿，最终影响了网络成员间的孵化合作。

4.2.3 监督惩罚困境

从孵化服务网络整个发展大局来看，适当地监督网络成员的孵化行为，采取必要的惩罚措施制止成员破坏合作的行为，对维持孵化服务网络成员间的孵化合作积极性，确保孵化服务网络孵化服务的产出效率，无疑具有重要的意义。

然而，一个由多种异质性成员组成，并以实现孵化合作利益为共同愿景的孵化服务网络，缺乏必要的动力去横向监督以及惩罚制止破坏合作行为者。这其中主要存在三方面的原因。

第一，孵化服务网络是自组织群体，各成员地位平等，没有强制的领导与被领导的隶属关系，也就不存在纵向监督的基础。

第二，如果动员孵化服务网络成员在孵化合作过程横向监督彼此的孵化行为，这不仅要网络成员自行承担横向监督成本，还可能招致孵化合作的对方的不信任，甚至反感情绪，导致孵化服务网络内成员间的孵化合作难以为继，出现合作僵局。

第三，网络成员即使在监督的过程中发现了某些成员的不利于合作的行为，是否对其进行举报并惩罚它，还是一个值得慎重考虑的问题。这是因为网络成员对其他成员进行监督惩罚后，除了自身要承担相应的成本外，还很可能引起对方因要付出被惩罚代价而对网络成员进行威胁或打击报复等。另外，监督惩罚行为的结果，即为孵化服务网络内的孵化合作收益所带来的增加部分，具有非排他性，为集体成员所分享，并不能为实施监督惩罚行为的网络成员所独占。同时，由于难以评估个体成员所付出的监督惩罚成本，以及监督惩罚行为背后的信息不对称的存在，孵化服务网络缺乏相应补偿机制去激励成员的监督惩罚行为，这样一来，网络成员的监督惩罚成本也就无法从其他地方得到补偿，势必影响网络成员施行监督惩罚的可能性。

监督惩罚困境的存在，降低了网络成员在网络中的合作适存度，影响了网络成员的孵化合作行为。

4.2.4 成员的机会主义行为

网络成员是利己的理性经济人，若在孵化合作过程中过度地追求理性，施行机会主义行为，就很可能发生个体理性导致的集体非理性。这不仅破坏建立孵化服务网络的初衷，也不利于孵化服务网络的持续发展。

就孵化服务网络而言，引发成员机会主义行为的诱因来自多方面，既有成员内在动机的原因，也有外在条件限制的原因。

在集体孵化合作中，尤其是多方的合作，由于很难衡量某个成员对集体孵化合作成果的贡献程度，或者说难以监督其是否付出了相应的孵化努力，而集体孵化成果却为各孵化合作成员所分享。

在这种合作环境条件下，合作过程易发生搭便车现象，即网络成员故意减少或者不进行任何孵化付出却从集体孵化成果中得到好处。这种机会主义行为现象具有很高的传染性，很容易为其他网络成员所效仿，一旦在网络成员中广泛发生，无疑将影响网络成员集体合作的积极性和孵化努力程度。

除了搭便车现象外，孵化成员还可能因孵化服务网络存在的成员间信息不对称、合作收益不确定性和监督惩罚困境等孵化合作的困境所引发的，由成员追逐短期利益而诱致，利用孵化合作中客观存在的各种信息不对称的机会，发生道德风险现象，实施逆向选择行为。比如企业孵化器联合多个风险投资和产业基金等网络成员对在孵企业进行融资孵化支持时，某个风险投资或其他成员，因发现在孵企业项目可能存在某种投资失败风险的迹象，于是不顾长期合作利益，立刻中止其孵化资金的提供，甚至要求撤资等。这无疑会影响整个孵化合作项目进展，导致各方利益受损。

总的来说，成员的机会主义行为，将降低孵化服务网络的集体孵化合作效率和减少有孵化合作意愿的成员数量，最终可能会导致任何孵化合作难以为继。

5 孵化服务网络集体合作治理的机制设计

孵化服务网络成员存在集体孵化合作的动因,然而孵化服务网络成员合作遇到的困境制约着集体成员孵化合作的积极性。为了解决孵化服务网络的集体合作困境,下面从自组织的治理和第三方力量治理等两个层面,探讨相关自主治理机制如何促使孵化服务网络提高集体孵化合作程度。

5.1 孵化服务网络自组织的治理

孵化服务网络是一个具有自组织性质的群体。基于共同体和社会资本理论,下面从信誉、横向监督、利他惩罚、准入与退出和合作激励等方面,以及利用领导者的领导作用,分析相关机制对孵化服务网络成员集体合作的作用,以期解决成员间的集体合作困境。

5.1.1 信誉机制

信誉即诚实守信的声誉。从社会资本的角度来定义,信誉是依附在个体之间交易互动行为中形成的一种关于信任的社会关系。个体信誉的好坏通常反映了其是否诚实守信、可被信任以及是否拥有可置信履约行为能力的声誉。

信誉是一种无形的、重要的社会资本,对合作的预期和合作的决策行为产生重要影响。良好的信誉带来合作双方的共赢,较差的信誉阻碍双方的合作行动。

就孵化服务网络群体的成员而言,信誉在网络成员孵化合作的决策当中发挥关键作用,成员一旦失去合作信誉,将意味着失去在这个孵化服务网络中生存的可能,必被他人排斥。

然而,信誉通常依托于长期交易互动基础上被他人可觉察到的外在声誉来传播。对个体信誉的评价,需要收集关于个体外在声誉的相关信息,这些信息是否完整和可得,不仅影响到关于个体的信誉评价,也对网络成员的合作行为选择产生重要影响,如果相关信息难以获得,或者代价不菲,那么信誉评价也就难以进行,信誉作用对个体之间的合作影响也就越低。可以说,个体信息收集难度决定了个体行为策略选择。

为了论证个体信息收集难度对孵化服务网络成员选择孵化策略的影响,下面通过一个博弈模型来分析。

假设1:用信息成本 c 来衡量关于个体信息的收集难度,成本越高,则收集难度越大;反之,则相反。

假设2:在孵化合作中,每个成员都有三种行为策略,即绝对合作、观望理性和绝对背叛,其中观望理性策略指成员付出信息成本 c,根据收集的信息评价交易对方的信誉,若对方信誉好,则采取合作策略,若对方信誉差,则选择背叛策略。这三种行为策略的选择概率分别为 α,β,$1-\alpha-\beta$,三种不同的行为策略两两博弈的收益矩阵如表2-3所示。

表2-3 三种行为策略互动博弈的收益矩阵

	绝对合作	观望理性	绝对背叛
绝对合作	p, p	$p, p-c$	q, m
观望理性	$p-c, p$	$p-c, p-c$	$n-c, n$
绝对背叛	m, q	$n, n-c$	n, n

收益矩阵满足条件:$m>p>n>q$,且 $2p>m+n$。

根据博弈均衡实现条件,即每个成员选择这三种行为策略的行动是无差别的,那么选择概率 α、β 必须满足条件:

$$\begin{aligned}&\alpha p+\beta p+(1-\alpha-\beta)q\\&=\alpha(p-c)+\beta(p-c)+(1-\alpha-\beta)(n-c)\\&=\alpha m+\beta n+(1-\alpha-\beta)n\end{aligned} \quad (1)$$

等式可简化为

$$\alpha+\beta=1-\frac{c}{n-q} \quad (2)$$

由于 $\alpha>0$,$\beta>0$,$c\geq 0$,所以 $c<n-q$,即三种行为策略两两博弈处于博弈均衡状态,成员相互背叛的收益与以合作策略同背叛策略博弈的收益之差大于信息搜寻成本。更进一步讲,信息成本的多寡在成员行为策略选择中有着重要影响。

对式(2)移项,可得

$$1-(\alpha+\beta)=\frac{c}{n-q} \quad (3)$$

利用式(1)和式(2)联立解得

$$\alpha - \frac{1}{m-n}\left[(p-n) - \left(\frac{c}{n-q}\right)(p-q)\right] \qquad (4)$$

式（3）和式（4）分别可证，成员选择绝对背叛策略的概率与信息成本呈正比关系，选择绝对合作策略的概率与信息成本呈反比关系。孵化服务网络关于个体信息的搜寻成本越高，个体的信誉也就难以评价，在没有信誉的约束下，成员在合作互动过程就越容易采取背叛策略，采取机会主义行动，以期获得短期利益最大化。相反，信息收集越容易，成本越低，也就越容易对个体作出评价，在信誉的约束下，成员会较大程度选择合作行为。可以说，信息收集难度及成本也就影响了对个体信誉的评价，从而影响了个体的合作行为选择。

针对孵化服务网络的合作困境，孵化服务网络亟待建立并完善信誉机制，让信誉约束在网络成员间互动合作扮演重要角色。结合当前孵化实践，可以在企业孵化器主导下成立特定职能机构或信息平台，专门收集网络成员各种与信誉相关的信息，以较低成本或无偿向网络成员提供，减少成员的信息搜寻成本，促进信息在网络内广泛传递，最大限度让信誉机制发挥作用。

5.1.2 横向监督机制

孵化服务网络是一个利益共同体。网络成员间孵化利益的关联性、社会资本相互制约和合作地位的相对平等性，使得孵化服务网络可以利用成员之间信息沟通的便利性，通过成员之间的横向监督，减少信息不对称所引发的道德风险与逆向选择行为，降低成员的机会主义行为。

横向监督机制要想在集体合作中发挥重要作用，一个重要条件是作为监督者的成员能够对其他成员的利益分配产生影响①。

下面考虑一个简单的成员集体孵化合作框架。孵化服务网络有 X 个孵化成员参与一个孵化项目，孵化项目过程需要持续 $T=2$ 期（T_1，T_2），存在两期回报；每个成员拥有 C 单位孵化资源，面临两种选择：投入 C 单位孵化资源或零投入，并且规定孵化成员只能在 T_1 期内投入孵化资源。T_1 期是孵化成员第一次合作，成员事先不掌握合作对方任何与合作有关的信息，也不存在横向监督机制实施的基础，因此，成员不管如何选择，都可以获得 T_1 项目风险回报系数 γ_1 的回报 R_1。T_1 期孵化成员博弈收益结构如表 2-4 所示。T_1 期合作结束之后，所有成员的交易状况和行为等相关信息将会被收集，孵化成员之间可以看到对方的相关信息。

---

① 章元. 对横向监督理论的一个述评 [J]. 世界经济文汇，2003（3）：72-78.

表 2-4　T_1 期孵化成员博弈收益结构

		孵化成员 i ($i \neq j$)	
		投入	不投入
孵化成员 j	投入	$\gamma_1 R_1 - C$, $\gamma_1 R_1 - C$	$\gamma_1 R_1 - C$, $\gamma_1 R_1$
	不投入	$\gamma_1 R_1$, $\gamma_1 R_1 - C$	$\gamma_1 R_1$, $\gamma_1 R_1$

在 T_2 期，孵化成员之间进行横向监督，成员根据 T_1 期合作对方的表现及相关信息进行评价，对在合作 T_1 期没有投入的孵化成员视为合作不诚信者，施予必要惩罚 B。T_2 期末，第二期孵化项目风险回报系数为 γ_2，回报为 R_2。

由于存在横向监督机制以及合作不诚信者已被识别，故对合作不诚信者的第二期回报乘以惩罚系数 δ。T_2 期孵化成员博弈收益结构如表 2-5 所示。此外，结合孵化实践，我们规定 $1 \geq \gamma_1 > \gamma_2 > 0$，$0 \leq R_1 \leq R_2$，$0 < c \leq B$，$0 \leq \delta < 1$。孵化成员在项目两期孵化合作过程的博弈框架与收益结构如表 2-6 所示。

表 2-5　T_2 期孵化成员博弈收益结构

		孵化成员 i ($i \neq j$)	
		投入	不投入
孵化成员 j	孵化投入	$\gamma_2 R_2$, $\gamma_2 R_2$	$\gamma_2 R_2$, $\delta\gamma_2 R_2 - B$
	孵化不投入	$\delta\gamma_2 R_2 - B$, $\gamma_2 R_2$	$\delta\gamma_2 R_2 - B$, $\delta\gamma_2 R_2 - B$

表 2-6　两期孵化合作下的孵化成员博弈框架与收益结构

		孵化成员 i ($i \neq j$)	
		投入	不投入
化成员 j	投入	$\gamma_1 R_1 - C + \gamma_2 R_2$, $\gamma_1 R_1 - C + \gamma_2 R_2$	$\gamma_1 R_1 - C + \gamma_2 R_2$, $\gamma_1 R_1 - B + \delta\gamma_2 R_2$
	不投入	$\gamma_1 R_1 - B + \delta\gamma_2 R_2$, $\gamma_1 R_1 - C + \gamma_2 R_2$	$\gamma_1 R_1 - B + \delta\gamma_2 R_2$, $\gamma_1 R_1 - B + \delta\gamma_2 R_2$

我们采用划线法，对这个孵化合作框架涉及的孵化成员孵化投入与利益博弈进行分析。在 T_1 期，由于 $\gamma_1 R_1 - C < \gamma_1 R_1$，故对于孵化成员 i 而言，不管孵化成员 j 是否进行孵化投入，其最优博弈策略是孵化不投入，因为这样做相比孵化投入者所得的回报，可以多得 C 单位；同样，对于孵化成员 j 而言，不管孵化成员 i 是否进行孵化投入，其最优博弈策略也是孵化不投入。由此可知，在 T_1 期

孵化博弈中,孵化成员双方孵化不投入是博弈均衡最优策略组合。如果 T_2 期同样不存在成员间的横向监督以及惩罚机制,那么可证明,双方孵化不投入仍然是博弈均衡最优策略组合,因为双方所得的利益都等于 $\gamma_2 R_2$,是相等的。

在 T_2 期,存在横向监督机制并在发挥监督惩罚作用下,由于 $\delta\gamma R_2 - B < \gamma_2 R_2$,故对于孵化成员 i 而言,在 T_1 期,不管孵化成员 j 是否进行孵化投入,其最优博弈策略是孵化投入;同样,对于孵化成员 j 而言,在 T_1 期,不管孵化成员 i 是否进行孵化投入,其最优博弈策略是孵化投入。从两期孵化合作下的孵化成员总收益(表2-5)的博弈角度来分析,由于 $\gamma_1 R_1 - C + \gamma_2 R_2 > \gamma_1 R_1 - B + \delta\gamma_1 R_2$,故可以沿着 T_2 期的博弈分析思路,得出相同结论,即孵化成员选择孵化投入是这个两期博弈的均衡最优策略组合。

由上述的分析对比可知,横向监督机制的存在及惩罚措施改变了孵化成员的最优博弈策略,由孵化不投入转变为孵化投入,这一策略的转变必将极大地增加对孵化项目的孵化支持。换句话说,横向监督机制通过利用奖惩机制,可以促使孵化成员改变不合作行为,避免成员在孵化合作过程中发生机会主义行为以及搭便车现象等不利于孵化合作的行为。

5.1.3 利他惩罚机制

利他惩罚机制,即通过强互惠者对合作公平、亲社会性等社会偏好,以其自愿承担一定的惩罚成本,主动制止甚至制裁成员的机会主义、合作背叛等非合作行为,最终确保实现有利于群体的合作利益。

孵化服务网络是一个社会资本相对富足的群体。孵化成员为孵化利益的实现而在网络内建立的共同规范、合作规章、互动模式、联结关系,以及孵化成员共同对孵化事业的认可和期望、对孵化知识的了解和对孵化合作的信任等社会资本内容或形式的广泛存在,丰富了孵化服务网络的社会资本存量。

许多研究表明,社会资本富足而且成员数量相对有限的群体,往往存在一定数量的强互惠者。孵化服务网络完全可以凭借成员对合作规范以及孵化价值观的认同,激发网络内潜在强互惠者的社会偏好心理,依靠强互惠者的利他惩罚,制止网络内成员搭便车现象以及合作机会主义行为的发生,提高孵化成员的集体孵化合作程度。

为了证明强互惠者的存在对促进孵化成员孵化合作的影响,我们首先分析一个最初没有强互惠者的孵化服务网络,孵化成员只有合作者与合作破坏者之分。在孵化合作中,合作破坏者为了获得短期最大化利益而实施合作机会主义行为,必定以牺牲合作者的孵化付出以及长期孵化利益为代价,长期来看,这不仅打击了合作者孵化合作的积极性,也在一定程度上因合作利益被侵占而降低了合作者在网络内的适存度。合作者渐渐退出,合作破坏者却广泛存在,结果可想而知,孵化服务网络必将因合作破坏者的逐渐增加而日渐解体。

如果孵化服务网络存在一定数量的强互惠者,以利他惩罚来制止合作破坏者的不合作行为,那么孵化服务网络可以免遭因合作破坏者的广泛存在而导致的网络解体。为了简化分析,我们假设如下:

(1) 孵化服务网络只有强互惠者和合作破坏者,人数之比为 $\gamma:1-\gamma$,成员随机配对互动博弈,每个成员在互动博弈中要么选择合作策略,要么选择背叛策略。合作与背叛两种策略的博弈收益结构如表 2-7 所示。

表 2-7 两种策略的博弈收益结构

	合作	背叛
合作	d, d	g, b
背叛	b, g	h, h

其中,$b>d>h>g$,而且 $b \geq 0$,$d \geq 0$,$h \geq 0$,$g<0$,满足 $b+g=2h$。

(2) 合作破坏者每次博弈都只采取背叛策略,强互惠者无论与谁互动博弈,第一次都采取合作策略,随后博弈策略与对方第一次博弈采取的策略相同。

(3) 同类成员间的正常互动终止率为 ρ($1 \geq \rho > 0$),互动次数为 $1/\rho$;强互惠者对与非合作破坏者的互动,执行正常互动终止率,但与合作破坏者之间的互动,由于强互惠者存在利他惩罚行为,加快终止了其与合作破坏者之间的互动博弈,他们之间互动终止率为 μ($1 \geq \mu > 0$),互动次数为 $1/\mu$,互动终止率高于正常互动终止率,规定 $\mu = k\rho$,$k > 1$。

由上述的假设条件,可计算出不同成员之间的互动收益情况,如表 2-8 所示。

表 2-8 互动博弈收益结构

	强互惠者	破坏者
强互惠者	$\dfrac{d}{\rho}, \dfrac{d}{\rho}$	$g+\left(\dfrac{1}{\mu}-1\right)h, b+\left(\dfrac{1}{\mu}-1\right)h$
破坏者	$b+\left(\dfrac{1}{\mu}-1\right)h, g+\left(\dfrac{1}{\mu}-1\right)h$	$\dfrac{h}{\rho}, \dfrac{h}{\rho}$

根据强互惠者和合作破坏者在孵化服务网络所占的比例,我们进一步计算出强互惠者在孵化服务网络中的期望收益:

$$EI_1(\lambda,\rho,\mu) = \frac{d}{\rho}\lambda + \left[g + (\frac{1}{\mu} - 1)h\right](1 - \lambda) \tag{5}$$

合作破坏者在孵化服务网络中的期望收益：

$$EI_2(\lambda,\rho,\mu) = \frac{h}{\rho}(1 - \lambda) + \left[b + (\frac{1}{\mu} - 1)h\right]\lambda \tag{6}$$

当两种成员在孵化服务网络处于均衡状态时，满足条件：

$$EI_1(\lambda,p,\mu) = EI_2(\lambda,p,\mu) \tag{7}$$

可解得

均衡
$$\lambda^* = \frac{h(k-1) + (h-g)\mu}{k(d+h) - 2h} \tag{8}$$

由假设条件易知，$h(k-1) > 0$，$h - g > 0$，$k(d+h) - 2h > 0$，可证明 λ^* 与 μ 存在正相关关系，μ 越大，λ^* 也将越大。这意味着强互惠者的利他惩罚行为倾向越高，越有利于通过加快强互惠者与合作破坏者之间的互动终止，一方面，强互惠者可以免遭由合作破坏者的行为导致的利益损失，另一方面，这使得合作破坏者在群体的适存度下降，提高了强互惠者在孵化群体中的均衡比例。

在孵化实践过程中，如果网络内存在数量较多的合作破坏者，实施合作机会主义等不利于孵化合作的行为时，以企业孵化器为主导者的孵化服务网络，可以通过合作奖惩及惩罚成本补偿等激励机制，激发网络内现有的强互惠者的利他惩罚行为，提高强互惠者与合作破坏者之间的互动终止率 μ，减少孵化互动次数，要让合作破坏者迫于利他惩罚的制裁威胁，改变合作破坏行为，抑或退出孵化服务网络，降低合作破坏者在孵化服务网络的比例。与此同时，孵化服务网络在日常运行中，可以通过网络共同规范的建立和完善，以及孵化成员对孵化价值观的认可，提高网络内非合作破坏者对正义、公平的社会偏好，使得非合作破坏者转变为强互惠者，提高强互惠者在孵化群体中所占的比例，制约合作破坏者合作破坏行为，最终实现合作程度较高的成员孵化合作。

5.1.4 准入与退出机制

孵化服务网络是一种孵化成员优势互补、资源共享以及协同合作的孵化组织。为了确保成员共同利益的实现，孵化服务网络需要设立与孵化服务网络发展相符合的成员准入性和退出性机制，通过制定相关的成员准入资格标准，筛选出满足孵化服务网络发展所需、有较强孵化合作意愿和孵化能力的外部孵化个体准入孵化服务网络。与此同时，孵化服务网络要依据孵化成员共同认可的成员退出考核标准，及时清理出那些孵化合作机会主义者、搭便车者和孵化合作背叛失信者等不符合孵化合作利益的成员退出孵化组织。准入和退出机制的存在,就是使得孵化服务网络内部与外部有着清晰的边界。

孵化服务网络边界的存在,除了孵化服务网络可及时清除不利于孵化合作的个体,确保孵化合作利益的实现之外,对于孵化服务网络现存的孵化成员而言,孵化边界内外有别,存在相关机制维护孵化合作利益和制约孵化合作破坏行为,势必会增加孵化成员对网络内的孵化合作信心,加强孵化服务网络边界内的孵化互动。在面对长期的甚至是短期的孵化合作利益的行动抉择时,孵化服务网络成员会优先选择孵化服务网络内的成员进行孵化合作。这样一来,孵化服务网络不仅有内外边界之分,而且孵化服务网络成员在选择合作对象进行孵化合作时,也无形中形成了相应的成员分割界限。

我们用分割程度 θ($0 \leq \theta \leq 1$)衡量孵化服务网络成员间相应存在的分割界限,在某种程度上,分割程度也衡量了选择合作对方的风险偏好倾向,当 $\theta = 1$ 时,孵化成员只选择曾经合作过的交易对方进行孵化合作;当 $\theta = 0$ 时,孵化成员选择合作对方是随机性的,对孵化服务网络内外部个体一视同仁。按此定义,孵化服务网络内部成员间的分割程度趋近于1,网络外部成员间的分割程度趋近于0。同时,假定某一孵化成员选择合作的概率为 α,只有两种可供选择的互动策略:合作和背叛,它们之间的策略博弈收益结构如表2-9所示。

表2-9 单次囚徒困境博弈收益结构

	合作	背叛
合作	d, d	g, b
背叛	b, g	h, h

满足条件 $b > d > h > g$,而且 $d + h < g + b$。

需要说明的是,由于分割程度的存在,合作者与其他合作者之间的孵化互动概率为 $\theta + \alpha(1-\theta)$,背叛者与另一背叛者之间互动概率为 $\theta + (1-\alpha)(1-\theta)$。

采取合作策略者的期望收益:

$$I_A(\theta, \alpha) = \theta d + (1-\theta)[\alpha d + g(1-\alpha)] \quad (9)$$

采取背叛策略者的期望收益:

$$I_B(\theta, \alpha) = \theta h + (1-\theta)[\alpha b + h(1-\alpha)] \quad (10)$$

由均衡条件 $I_A(\theta, \alpha) = I_B(\theta, \alpha)$,解得

$$\alpha^* = \frac{\theta(g-d) + h - g}{(1-\theta)(d+h-b-g)} \quad (11)$$

式(11)两边同时对 θ 求导得

$$\frac{d\alpha^*}{d\theta} = \frac{h-d}{(1-\theta)^2(d-b-g+h)} \tag{12}$$

在孵化服务网络初始孵化阶段，只要网络存在一定数量的孵化合作者，孵化成员最初选择合作策略的概率 α 至少为正数，那么式（12）的值为正数，而且随着分割程度 θ 的变大而增大。由此分析可见，网络成员间分割程度 θ 的存在，有利于增强孵化成员网络内孵化合作的信心，提高网络内孵化合作的可能性，使得选择合作策略的孵化成员数占比会不断增大，最终使得孵化服务网络内的孵化成员集体合作程度保持在孵化产出最优的状态。

5.1.5 合作激励机制

合作激励就是对进行合作孵化的成员给予必要的外在奖励或补贴，激励他们能够自主、更好地为集体孵化利益的实现而展开合作。孵化成员最初加入孵化服务网络都抱有对共同实现孵化利益的诉求，但是孵化成员也是理性的个体，有寻求获取自我利益最大化的动机。

在孵化集体合作的动因面前，孵化成员采取孵化合作行动仅是一种可能性，因为合作过程存在的集体合作困境也制约和阻碍着他们的集体孵化行动。在孵化成员合作行动进退两难的情况下，合作激励的出现无疑对孵化成员集体孵化的合作行动起到积极的促进作用。

合作激励的提供，通过改变孵化成员的合作利益预期，提高了孵化成员的孵化合作的可能性，有利于孵化成员进行孵化分工、交易和协同等孵化合作，增强孵化服务网络的孵化能力。

合作激励机制的实施，自然离不开激励主体的存在。如果没有激励主体，合作激励对孵化合作成员而言，将是无源之水。从孵化服务及产出外部性分析，政府是孵化服务网络发展过程中最大的受益者，同时，也是最有经济实力去为孵化服务网络成员提供合作激励，因为政府拥有最多的社会资源并掌握最大的经济资源分配权。因此，政府应该从孵化服务网络的长远利益出发，结合地区创新型经济发展方向，通过财政补贴和税收返还等经济手段，或者通过声誉、荣誉表彰、公开表扬等社会资本内容形式的非经济手段，激励孵化成员积极展开集体孵化合作。

为了说明合作激励对孵化服务网络成员采取的孵化行动的重要影响及作用，我们建立一个简单的两方孵化博弈模型。

假设1：理性经济人假设。孵化成员要实现自我利益最大化，除了考虑孵化成功的合作利益外，也将考虑政府提供合作激励，如财税补助等。

假设2：博弈参与者。一方为企业孵化器，另一方为除企业孵化器外的其他孵化成员，为了突显博弈分析的具体性，假定为创业投资。

假设3：参与者的策略选择。博弈双方各自面临着对在孵企业的合作孵化问题。企业孵化器有两种选择：①与创业投资合作，联合孵化在孵企业；②不与创业投资合作，也不投资在孵企业。创业投资面临两种选择：①与企业孵化器合作；②不与企业孵化器合作，自行投资在孵项目。企业孵化器和创业投资的资金成本分别为 K_a，K_b，项目信息收集及决策等成本分别为 C_a，C_b，项目收益分别为 U_a，U_b。在现实孵化情景下，政府通常会对那些主动与其他孵化个体积极开展孵化合作的企业孵化器给予一定的税收返还，基于此，假定对选择合作策略的企业孵化器给予税收返还 T_a。在双方选择合作孵化策略的条件下，政府对企业孵化器和创业机构的财政补助及奖励分别为 G_a，G_b。企业孵化器与创业投资孵化博弈利益分布如表2-10所示。

表2-10　企业孵化器与创业投资孵化博弈利益矩阵

		企业孵化器	
		合作	不合作
创业投资	合作投资	$U_{b1} + G_b - K_b - C_{b1}$, $U_{a1} + G_a + T_a - K_a - C_{a1}$	$U_{b2} + K_b - C_{b2}$, $U_{a2} - K_a - C_{a2}$
	自行投资	$U_{b3} - K_b - C_{b3}$, $U_{a3} + T_a - K_a - C_{a3}$	$U_{b4} - K_b - C_{b4}$, $U_{a4} - K_a - C_{a4}$

假设4：参数说明。企业孵化器与创业投资在不同的博弈中，信息搜寻成本及投资管理成本、项目期望收益都不同，综合考虑合作协同效应、投资溢出效应以及孵化外部性效应等因素，本篇规定如下：

企业孵化器的项目收益 U_a：$U_{a1} > U_{a2} > U_{a3} > U_{a4}$，信息搜寻成本及投资管理成本 C_a：$C_{a1} < C_{a2} < C_{a3} < C_{a4}$。

创业投资的项目收益 U_b：$U_{b3} > U_{b1} > U_{b2} > U_{b4}$，信息搜寻成本及投资管理成本：$C_b$：$C_{b1} < C_{b3} < C_{b2} < C_{b4}$。

假设5：各方的策略选择概率。企业孵化器选择合作策略、不合作策略的概率分别为 p_1，$1-p_1$，创业投资选择合作投资策略、自行投资策略的概率分别为 p_2，$1-p_2$。

当企业孵化器以 p_1 选择合作策略时，创业投资选择合作策略的期望收益为

$$EI_a = (U_{b1} + G_b - K_b - C_{b1})P_1 + (U_{b2} - K_b - C_{b2})(1 - P_1) \quad (13)$$

创业投资选择不合作策略的期望收益为

$$EI_b = (U_{b3} - K_b - C_{b3})P_1 + (U_{b4} - K_b - C_{b4})(1 - P_1) \qquad (14)$$

解出企业孵化器的博弈纳什均衡解，即要满足条件 $EI_a = EI_b$ 时，

$$p_1 = \frac{U_{b2} - U_{b4} + C_{b4} - C_{b2}}{U_{b2} + U_{b3} - U_{b1} - U_{b4} - G_b + C_{b4} + C_{b1} - C_{b2} - C_{b3}} \qquad (15)$$

同理，当创业投资以 P_2 选择合作投资策略时，创业投资的博弈均衡解为：

$$p_2 = \frac{U_{a3} - U_{a4} + C_{a4} - C_{a3} + T_a}{U_{a2} + U_{a3} - U_{a1} - U_{a4} - G_a + C_{a4} + C_{a1} - C_{a2} - C_{a3}} \qquad (16)$$

从上述两个博弈纳什均衡解的构成上分析，不管是企业孵化器还是创业投资选择合作策略或合作投资策略的概率，不仅与项目收益和信息搜寻成本及投资管理成本的大小密切相关，而且政府对企业孵化器或创业机构的财政补助及奖励，均与双方的合作策略或合作投资策略的选择概率成正相关关系，即政府的财政补助及奖励越高，企业孵化器或创业投资选择合作策略或合作投资策略的概率越大。来自政府的财政补助及奖励对双方的孵化合作具有正激励效应。除了财政补助及奖励之外，对于企业孵化器而言，来自政府的税收返还同样对其合作策略的选择概率呈正向相关。

5.1.6　网络中的领导者治理

网络中的领导者治理，是指在网络地位、信息渠道和资源获取等方面占优势的领导者，对网络的治理过程发挥核心领导作用。前面从信誉、横向监督和利他惩罚、准入与退出和合作激励等方面，论证了关于自主治理的五大机制对孵化服务网络集体合作的治理作用。但是，结合对孵化服务网络是在企业孵化器领导下进行构建和发展的认识，有必要强调企业孵化器对孵化服务网络合作治理的领导作用。

具体对孵化服务网络而言，作为领导者的企业孵化器可从信息沟通、关系协调和成员控制等三个方面对孵化服务网络进行治理。

（1）在信息沟通方面，首先，企业孵化器可以在网络成员间的孵化合作中充当信息沟通的桥梁和发挥信息中介的作用。企业孵化器依托其在孵化服务网络中的主导者的地位，对关于网络成员和孵化项目的各种信息获取具有很大的优势。对于其他网络成员而言，由于其在孵化服务网络的地位并不占优势，同时受信息获取能力的局限性的影响，其在与网络成员进行孵化合作过程中，容易发生信息不对称的问题。通过借助企业孵化器的信息沟通中介的作用，网络成员在孵化合作中可以适当避免信息隔阂的出现。其次，企业孵化器有必要建立统一的信息共享平台。信息平台可以发挥两方面的作用：一方面，平台通过

收集各种创业项目的信息，登记孵化行业从业人员的相关信息，记录网络成员的历史信息，为网络成员获取相关信息提供便利性，降低信息获取成本。另一方面，平台通过设置信誉评价的功能，分级区分孵化服务网络内的企业和从业人员，让信誉机制在孵化服务网络中发挥重大作用。

（2）在关系协调方面，企业孵化器要积极发挥中间协调人的作用，协调好网络成员之间的利益关系和合作关系。首先，网络成员在孵化合作过程中，由于各种利益交织在一起，容易发生利益纠纷。这对网络成员的孵化合作关系产生不利的影响。其次，各网络成员除了对成员集体孵化行动的合作利益认同之外，也在很大程度上认可企业孵化器在孵化服务网络的构建和发展过程中的主导地位。在网络成员间发生利益纠纷时，企业孵化器以中间协调人的身份协调各方之间的关系，容易得到网络成员的理解和信任。

（3）在成员控制方面，企业孵化器要主动牵头建立孵化服务网络的合作规范制度。合作规范不仅是维持孵化服务网络正常运作的重要条件之一，也是保障和实现孵化服务网络成员的合作利益的前提。企业孵化器应该从维护孵化服务网络的整体利益出发，结合孵化服务网络的发展目标，制定一套涉及成员准入与退出、孵化服务网络运作管理和在孵企业考核以及合作监管和惩罚制裁制度等合作规范，通过合作规范约束孵化服务网络成员的孵化行为。

5.2 孵化服务网络第三方力量治理

自组织性质的孵化服务网络，依靠内部（自组织）层面的治理机制，可以对孵化服务网络的合作治理产生很大的作用。但我们也要看到，孵化服务网络建设初期社会资本的缺乏，利他惩罚者受惩罚成本的限制和共同规范治理的时滞性等因素的存在，影响了自组织层面的治理。换句话说，孵化服务网络的自组织的治理也会发生失灵现象。为了确保孵化服务网络的合作治理得到彻底的解决，孵化服务网络仍需要第三方力量（政府治理和法律法规）介入网络内的自主治理。

5.2.1 政府介入孵化服务网络治理

孵化服务网络的合作治理离不开政府的介入。政府的介入可从政府的第三方惩罚和第三方监督等两个方面说明。

（1）在第三方惩罚方面，政府的非强互惠惩罚可弥补网络内利他惩罚者的强互惠行为的缺陷，对维护孵化服务网络的成员合作产生互补作用。然而，随着孵化服务网络的发展，利他惩罚可能因孵化服务网络成员规模的扩大，导致其对孵化服务网络的合作治理产生不利的影响。这是因为网络成员数量的扩大以致成员孵化合作随机性变大，强互惠者在孵化服务网络对成员信息的掌握能力变差，实施利他惩罚行为的信息基础丧失；另外，孵化服务网络内强互惠者由于网络成员存在复杂的利益关系，不得不面临承担更多的惩罚成本的可能性，降低利他惩罚的惩罚力量。

在这种情况下，相对于其他网络成员，在经济权力、惩罚力量和社会地位等方面存在无可比拟优势的政府，通过介入孵化服务网络的合作治理，发挥重要的作用。当然，政府的介入方式应该是市场和经济手段。因为以其他非市场和非经济手段介入，除了破坏网络成员之间的合作信任和招致网络成员的反感之外，还可能造成政府对孵化服务网络的独裁管制。

具体到孵化服务网络的合作治理，政府可提高孵化服务网络成员合作违约的机会成本，或者取消机会主义者的财政补贴和税收优惠等措施，通过改变网络成员的收益结构，以此达到惩罚孵化服务网络成员合作破坏行为的目的。

（2）在第三方监督方面，政府监督相对于孵化服务网络内的横向监督更具有震慑力。通常横向监督发生在同等地位的成员之间，由于沟通和互动的便利性，同级成员更易掌握关于对方的各种信息，并进行监督。然而，同等地位成员间的横向监督是非正式性和非约束性，并且容易受某些成员的主观原因影响导致监督效果差。相对于网络成员的横向监督，政府监督以其由政府这一拥有强大力量的主体来实施，通常更具有正式性和约束性。政府在财力和物力等方面存在的优势，使得其能够花费财力成立专门的机构或组织人员去监督，并采取专门的措施处理监督结果，使得政府监督更具有震慑力。

针对孵化服务网络的合作治理，政府可通过成立孵化行业的监管信息平台，在监督孵化服务网络的运行以及网络成员的孵化合作的过程中，对监督信息进行专门收集，运用相关手段对那些易发生的合作破坏行为进行治理。

5.2.2 法律法规约束孵化服务网络成员行为

法律法规是对孵化服务网络成员行为进行治理的一种重要力量。相对于自组织层面的治理机制，法律法规以其制定具有规范性，并且由政府这一强制力量主体来保证实施，对孵化服务网络的合作治理产生更大的作用。虽然孵化服务网络在企业孵化器的主导作用下，制定了各种关于成员孵化合作的共同规范，但是由于这些合作规范是没有法律效果的，不会产生强制性的作用，因而对孵化服务网络成员并不起强制约束作用。

在孵化服务网络的运作过程中，由于孵化合作及孵化利益的复杂性，各网络成员难免发生各种利益纠纷，仅靠网络层面的共同规范难以解决这些纠纷。利益纠纷未能及时解决，或者未能公正客观处理，影响了孵化服务网络成员的集体孵化合作热情，不利于孵化服务网络的运行和发展。在这种情况下，有必要通过外在的法律法规去治理孵化服务网络的合作问题。

因此，政府首先要根据孵化行业的整体发展情况，适时出台并完善孵化行业的基础性的法律法规，如产权安排规定。政府通过法律上的规定，保障孵化服务网络成员合法的孵化利益，为孵化服务网络的构建和发展营造合适的法律环境。其次，政府要针对孵化服务网络发展过程，以及成员孵化合作过程中经常出现的利益纠纷和矛盾，结合孵化行业的产业政策，及时出台专门的法律法规，解决这些突出的利益纠纷和矛盾。

6 孵化服务网络的合作治理案例研究

在孵化实践中，孵化服务网络的合作治理对其网络运行和发展起到至关重要的作用。为此，本章以深圳清华研究院和华南新材料创新园等两个孵化服务网络为例，采用案例分析法对孵化实践中的网络合作治理进行分析。

6.1 深圳清华研究院孵化服务网络案例[①]

深圳清华研究院（以下简称"深研院"）成立于1996年12月，位于深圳市南山高新区。研究院设立之初，正处于深圳特区面临经济转型发展之际，与此同时，适逢国家大力支持清华大学等高校开展产学研活动之时。在这双重利好的政策环境下，深圳市政府和清华大学开展合作，出资建立了深研院。在股权分配方面，深圳市政府以出让高新区一块1.6万平方米的土地的使用权和出资6000万元的方式获得了研究院一半的股权，清华大学以出资2000万建设研究院办公楼的方式获得了另一半股权，双方合作期为30年。1999年8月，深研院大楼正式落成，建筑面积3.2万平方米。深研院是属于事业单位性质的科技企业孵化器，采用全员合同聘用的企业化方式运作，实行理事会领导下的院长负责制[②]。

作为国内较早成立的一家科技企业孵化器，深研院依托清华大学丰富的科研资源和品牌声誉，依靠深圳市政府的大力支持，加强与投融资机构的战略合作，借力金融创新和体制创新两大驱动引擎，在科技成果转化与孵育中小高科技企业的发展道路上，构建了完善的科技创新孵化服务网络体系。

6.1.1 孵化服务网络发展现状

深研院在20多年的探索发展中，坚持以孵化机制创新为核心，以技术、人才、资金和载体四大孵化要素为发展导向，形成了以研发平台、人才培养、投资孵化、科技金融、园区基地和国际合作六大板块为发展支撑，由10家孵化成

[①] 资料来源：深圳清华研究院申请2014年度广东省科学技术奖的申报材料。
[②] 刘启强. 深圳清华大学研究院：四个结合 创新机制体制显活力 [J]. 广东科技，2014 (23)：43-44。

员单位组成产学研相融合孵化服务网络（图2-4）。

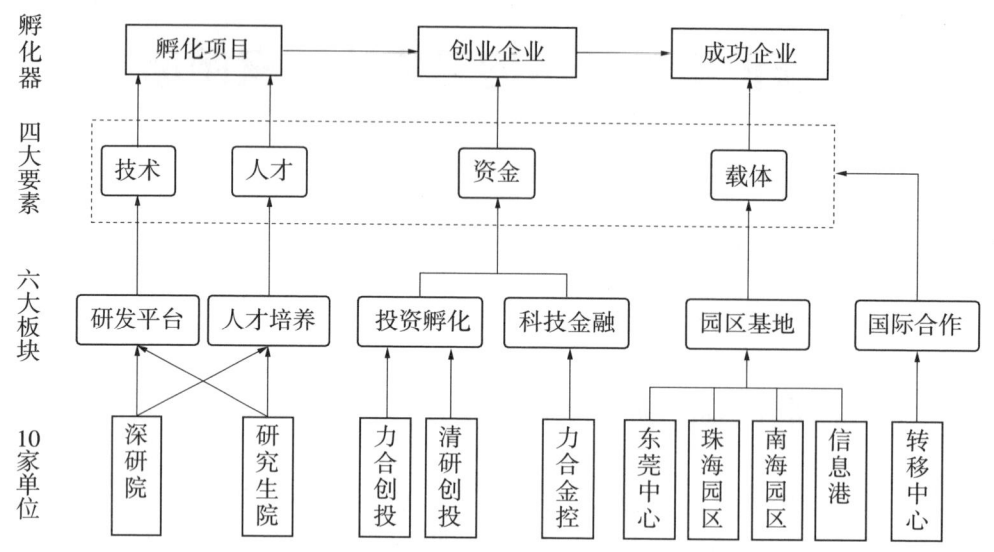

图2-4 清华研究院孵化服务网络体系结构

在研发平台板块，深研院总共投入6亿多元，先后建成5个涉及新兴产业领域的研究所，21个实验室，3家公共服务平台，19个深研院与企业联合研发中心。截至目前，深研院拥有两院院士7人，973首席科学家5人，千人计划3人。

在人才培养板块，深研院拥有深圳市最大的企业博士后工作站，集聚了300多位海内外知名教授和学者，培养超过80名博士后。此外，深研院打造了力合教育品牌，每年举行多期非学历教育和人才培训班，为珠三角地区培养超过3.5万名企业科技和管理人才。

在投资孵化板块，深研院绝对控股了力合创业投资，使之成为孵化服务网络体系中专业化、市场化的投资平台。这一投资平台先后投资了超过180家高科技企业，参股和控股企业150多家。此外，投资平台以基金管理人身份投资和管理6只基金，受托管理一只基金，基金总规模30多亿元。

在科技金融板块，深研院凭借技术与金融相结合的成功经验，借力于金融创新推动企业孵化，在2013年6月于深圳前海发起设立力合金控。经过多年的市场化运作，研究院逐步形成了涉及创投、基金、科技小贷、科技担保、融资租赁的金融产业链，以力合金控为核心的综合服务平台。

在园区基地板块，深研院扎根深圳，面向珠三角地区，积极与各地政府战略合作，先后在东莞、珠海和佛山三地建立了创新中心和科技园区，与此同时，还大力建设力合清溪科技园、力合顺德科技园和清华科技园（珠海二期）。

在国际合作板块，深研院紧随国际孵化产业发展方向，成立专门的国际技术转移中心，旨在吸收国际孵化实践先进经验，引进专业人才以及高科技项目。国际技术转移中心下设 5 个国际中心（美国硅谷、英国牛津、俄罗斯莫斯科、德国科隆和以色列特拉维夫），形成面向全球的国际合作网络。

六大板块的发展，通过孵化成员单位之间的协作，促进了技术、人才、资金和载体四大孵化要素在孵化链中各个环节和阶段流动和融合，提高了研究院孵化服务网络整体孵化能力。自深研院成立以来，累计孵化企业超过 1508 家，培育 20 多家上市公司。

6.1.2 孵化服务网络面临的合作难题

深圳清华研究院主导构建的孵化服务网络在其发展过程，主要面临如下合作难题。

（1）合作收益不确定。在孵化实践过程中，创业项目所涉及的技术或产品往往具有一定的先进性，与市场中原有的技术或产品相比，存在差异性的创新。比如深圳大学教授夫妻的彩铃项目是清华研究院成立以来孵化的第一个创业项目。在当时的通信领域，人们还从来没有使用过彩铃，更不知道它有何用处和优势。人们依靠自有的知识和认识，难以对彩铃的市场前景作出较为准确的判断。出于投资风险的考虑，很多人尽管对彩铃项目表现出好奇，却不愿意与教授夫妻合作投资。创业项目的合作收益的不确定性降低了潜在投资者的合作热情，使得创业项目的技术或产品难以推向市场。

（2）机会主义行为。深研院不仅有深圳市政府的大力支持，还有百年声誉的清华大学的品牌支持。仅从股东背景来看，研究院相比较其他科技企业孵化器更具有品牌信誉稀缺性。深研院的政府背景和清华品牌，使得深研院自成立以来就在全国具有很大的影响力和知名度，这样一来，不仅全国各地的创业项目纷纷找上门来，而且很多投融资机构等企业表现出高涨的合作热情，想要与深研院展开合作。然而孵化行业是一个高风险行业，孵化项目即便具备技术先进性与创新性，但如果不具备真正的市场前景，也很难取得成功。在孵化实践过程中，孵化项目的成功率可能不到 50%，而且很多创业者所谓的创业项目看似具有创新性，实则是想借创业项目之名行骗取合作方的投资之实。另外，很多投融资机构高涨合作热情背后，其实是想借助深研院的品牌做其他别有目的的事情，在孵化项目需要融资支持时，往往不愿意投资合作。总的来说，深研院的信誉和影响力，在很大程度上引来的不只是创业者，还有投融资机构等企业的机会主义行为。

（3）成员间信息不对称。创业者的主要精力都投在项目运作上，而且创业者大多是科技人才出身，没有财务完善意识，导致创业公司财务制度很不完善。创业公司财务信息不完善，加上缺乏抵押资产，使得投融资尤其是银行等机构很难了解公司项目的市场前景，双方之间存在信息不对称，导致这些机构不愿对创业公司的发展施以援手。例如，深研院曾在2000年孵化哈尔滨工业大学的一位副教授的"和而泰"公司。当孵化项目进入快速成长时期，由于行业惯例的限制，公司运作遇到了巨大资金周转难题。此时，公司向银行申请融资贷款，然而银行以缺乏资产抵押以及财务制度不完善等理由拒绝提供贷款。项目运作没有新资金支持，一度使得"和而泰"公司停止运营。

6.1.3 孵化服务网络合作的治理机制

深圳清华研究院在孵化实践中，面对孵化服务网络出现的合作难题，主要从以下方面着手，解决合作难题。

（1）合作激励机制。首先针对孵化项目合作收益的不确定性，深研院通过创业导师团队，对孵化项目进行专门的调研，结合市场反应，对孵化项目的市场前景进行评价。如果项目市场前景好，深研院采用以租金换取股权方式，3～5年内免收租金和其他管理费用，为创业项目提供场地和配套设施，激励那些自有资金缺乏的创业者前来入驻孵化合作。其次，研究院积极运用丰富的项目申报经验，帮助创业者申请政府科技项目获得资助资金，解决公司前期运作所需费用。最后，研究院在适当时机借助自身的投资孵化平台（力合创投），对那些市场前景好的创业项目进行必要的投资，激励创业者入驻研究院孵化合作。

（2）准入性机制。在创业者申请入驻孵化之后，深研院一方面会邀请由专业技术专家和投融资专家组成的团队，基于对创业项目的科技创新性与市场收益性两方面的综合考量，对创业项目是否准予入驻进行决策。另一方面，深研院通过相关渠道对创业者的工作经历、社会关系和诚信程度等信息进行了解并进行评价。如果两方面有其中一方面达不到要求，深研院会作出拒绝创业项目入驻孵化的决定。另外，针对投融资等机构前来寻求孵化合作，深研院通常会采用专门的考核机制，对其股东背景、公司实力和业界口碑等情况做出客观公正的评价，根据评价结果采取不同的孵化合作方式，避免因对方的机会主义行为导致自身利益受损。

（3）监督机制。成员间的信息不对称影响了各方的孵化合作。针对这种情况，深研院利用在孵项目在大楼或园区内孵化的地理便利性，采用月度、季度和年度考核机制，监督孵化项目的运营和财务情况，及时向孵化合作各方传递相关信息。譬如，2000 年深圳和而泰智能控制股份有限公司（以下简称"和而泰"）市场前景非常不错，只是由于行业惯例，公司运作出现资金问题。根据日常的监督孵化考核结果，深研院看好公司的发展情景，及时向相关银行说明情况并向银行担保，为和而泰申请到了 1000 万元贷款。最终，和而泰走出资金困境，经过努力，在 2010 年于深交所中小板成功上市。

6.2 广州华南新材料孵化服务网络案例

广州华南新材料创新园有限公司（以下简称"新创园"）成立于 2010 年 10 月，注册资本 3.5 亿元，位于广州萝岗区科学城，是一家专注新材料行业的专业型企业孵化器。新创园投资 20 亿元打造孵化基地，占地 160 亩，建筑规划面积 22 万平方米。

新创园凭借上市公司金发科技的鼎力支持，依托金发科技在塑料行业的科技人才、研发平台、行业经验和资金等丰富的产业资源，联合政府、科研院校、投融资机构、专业服务机构和供应商等机构，构建了面向新材料全产业链的孵化服务网络。

6.2.1 孵化服务网络发展现状

新创园立足于新材料产业发展要求和趋势，根据创业企业的发展需求，结合自身的产业资源优势，在 6 年多的创新发展中，以搭建产业平台，延伸孵化链条和联结资本链条为发展重点和方向，形成了富有特色的"一平台两条链"的孵化服务网络体系。

在产业平台方面，新创园利用毗邻金发科技、高金集团和广州石化等新材料行业的知名企业的地理便利性，整合了包括国家工程技术中心、工业设计工程中心和国家工程实验室等在内的产业平台。此外，新创园积极进行产学研园合作，与中国科学院、中国工程院和中山大学等科研院所及高校形成了长期的合作关系。

在孵化链条方面，新创园重点打造了以企业孵化器为基础，前后两方向延伸的"苗圃—孵化器—加速器"孵化全链条、多层次的创业服务孵化体系，具备为不同阶段的孵化项目提供各种专业的孵化资源和服务的能力。

在资本链条方面，新创园依靠金发科技的资本支持，在孵化服务网络内主导建立了"中小企业＋银行＋信用服务中心"共同征信服务体系，即通过金发科技提供担保，园区中小企业集中资金以及信用服务中心提供征信的方式，让在孵企业得到银行融资贷款。除此之外，新创园发起成立规模为3000万元的天使投资基金，同时利用与广州诚信创投和金发小额贷款等投融资机构的合作，针对在孵项目的具体情况，采用相应的投资合作方式，帮助在孵项目解决融资问题。

新创园孵化服务网络"一平台两条链"的发展，促进了科技成果的快速转化，加快了创业企业的发展壮大。截至2016年底，新创园累计孵化150家创业企业。

6.2.2 孵化服务网络面临的合作难题

新创园主导构建的孵化服务网络，在孵化园区内的创业项目的实践过程中，主要遇到以下合作难题。

（1）成员间信息不对称。很多创业项目无论是在技术层面还是市场层面上，都具有光明的前景，但由于创业者或团队自身的研发资源有限和资金匮乏等各种因素，创业项目的进展并非如创业者当初所设想的道路前进。创业项目想要借助外部的研发力量，或者利用外部公司的产业资源，往往却因自身处于创业阶段项目信息不为外界所掌握，导致创业项目难以得到外界的支持。诞生于新创园的广州华睿就是这样一个案例。华睿公司从事的是光电材料OLED显示屏，尽管创业之初有自己的研发团队，但尖端人才数量极其有限。由于正处于项目起步时期，公司不为业界所熟悉，即便存在研发支持和资金需求，但自身难以找到科研院所进行合作。没有外界的研发支持，华睿公司光电材料的创业项目一度进展缓慢。

（2）监督惩罚困境。新创园整合产业资源，孵化园区内的创业项目或公司。在孵化运营过程中，孵化服务对创业项目的运行有没有效果？产业平台对创业团队的研发起到何种推动作用？风投资金有没有被创业公司充分利用好？诸如此类问题的答案，对于新创园来说是非常想知道和关注的问题。然而在孵化实践过程中，创业项目或公司往往缺乏规范的制度去收集并评价项目进展情况，而且创业公司常常以商业秘密为由，不愿配合新创园的管理工作。此外，为了获得企业孵化器或风险投资的资金支持，创业公司有很强的动机去夸大项目的发展前景，对项目的进展情况报喜不报忧。新创园或者投融资机构即便查获了创业团队的做假行为，也顶多让创业项目退出园区，难以对创业公司进行惩罚。这是因为创业公司没有可处罚的资产，而且在业界也没有多少名气和信誉。

6.2.3 孵化服务网络合作的治理机制

面对孵化过程中出现的合作难题和困境，新创园结合自身条件和优势，主要从以下方面着手解决。

（1）沟通机制。成员间信息不对称不仅困扰了创业公司，也困扰着新创园、风险投资机构和科研院所等与园区合作的孵化成员。新创园为了有效解决这个问题，首先搭建多种信息平台，如人才信息平台、产学研合作平台和项目推介平台等，及时向有合作意向的各种机构，传递园区内创业企业的项目进展情况以及资源需求情况。其次，新创园通过扮演沟通中间人，充当信任中介的作用，加强创业企业与风投、专业服务机构等孵化成员间合作。上文提到的华睿公司，正是由于信息沟通平台的作用以及在新创园积极向园区内的合作成员沟通，最终引进了17名尖端研发人才，并与中山大学等重点高校达成了战略合作协议。

（2）监督机制。首先，新创园建立园内企业的内部管理制度，出台在孵企业的管理和考核制度，建立企业档案。除了对在孵企业进行制度化的考核外，新创园通过定期与非定期走访企业相结合的方式，及时掌握在孵项目的进展情况。其次，新创园定期办"BOSS下午茶"等活动，除了让在孵企业相互沟通外，也可发挥横向监督作用，督促不同创业团队努力工作，争优创新。最后，新创园积极联系并与中国塑料加工工业协会等新材料行业组织合作，及时通报园区内在孵企业的情况，一旦发现园区内企业有破坏合作的行为发生，及时向行业协会以及外界通报。

6.3 案例研究启示

孵化服务网络的合作困境能否有效解决，这不仅关系到孵化服务网络能否借助网络成员的资源发挥集体孵化的效用，也影响到孵化服务网络能否吸引更多的孵化资源以提高孵化能力。在孵化服务网络运行与发展中，为了避免或解决孵化实践中成员合作可能出现的合作困境，企业孵化器会主导建立诸如本篇第5章所研究的相关治理机制。当然，由于孵化服务网络的实践会遇到各种复杂的情况，并且每个孵化服务网络的具体情况也不一样，在建立并实施相关治理机制各有所侧重。

（1）准入与退出机制和合作激励机制是孵化服务网络运作中较为常见的基础性的治理机制。通常前者作用在对在孵企业的筛选、考核和管理，以及对加盟孵化服务网络的成员管理之中，而后者则表现在企业孵化器或投融资机构对在孵企业的孵化支持，以及政府对孵化服务网络各成员的支持方面。

（2）信誉机制在孵化服务网络中难以独立发挥治理效用，这是由于我国企业和个人的征信环境和制度的不完善所导致的。

（3）横向监督机制和利他惩罚机制，通常会在孵化服务网络的信息沟通机制之中发挥综合效用。例如在沟通平台中，在孵企业相互了解彼此的项目进展并相互勉励努力创业，同时，企业孵化器在与其他孵化成员的沟通之中，了解到其他成员的合作信誉和孵化资源情况，并做出相应的措施处置。

第3篇

地方政府在科技企业孵化服务供给体系中的角色

1 绪 论

1.1 研究背景

科技企业孵化器在我国发展的实践证明，它能够通过生产孵化企业成长所需的孵化服务，提高初创企业的存活率，有效促进个体和企业的技术创新。近年来，随着社会创新创业热情的高涨，新兴产业不断涌现，孵化器等市场组织在生产孵化服务的过程中存在众多问题，这些问题只依靠生产者自身难以解决，需要政府出手进行干预。因此，为了保证孵化服务生产的高质量、高效率，政府需要思考自身在孵化服务产品供给体系中的角色。

1.2 研究方法

通过梳理相关的文献，以孵化器理论、准公共品理论、外部性理论、交易成本理论、分工与合作理论等为理论基础，对孵化服务产品的特征、生产方式和生产失灵等进行分析，以孵化服务的生产失灵为基础，研究政府干预孵化服务生产的理论依据和现实动力，并通过理论分析和广东省实践分析两方面研究政府在科技企业孵化服务供给中的角色行为。

首先，孵化服务产品的生产方式包括自主化生产、市场化生产和集体合作生产三种，它们共同组成了孵化服务的供给体系。其次，孵化服务生产存在的失灵现象。全能型孵化器能力不足导致自主生产失灵，外部性问题和投资风险导致市场生产失灵，孵化服务网络合作治理的困境导致合作生产失灵。自主生产失灵可以由生产者自发解决，市场失灵和合作失灵无法由生产者自发解决。因此，弥补市场失灵和合作失灵是政府干预孵化服务生产的理论依据，而促进技术创新、发展地区经济、培育创新文化和应对政绩考核是地方政府干预孵化服务生产的现实动力。针对孵化服务生产失灵无法自发解决的原因，从三个方面来分析政府在孵化服务供给体系中的角色：一是通过扮演外部性补偿者来解决外部性问题，二是通过扮演投资风险共担者来解决投资风险问题，三是通过扮演孵化服务网络合作的保障者来解决孵化服务网络合作治理问题。此外，政府需要设计激励机制和引导机制，来激励孵化器等市场主体的发展、引导孵化服务的发展方向。最后政府角色的有效发挥还需要注意两个问题：一是可能的政府失灵，二是不能过度干预。

本篇在理论分析的基础上，对广东省在孵化服务供给体系中的政府角色进行研究。最后概括出广东省成功的经验，一是要制定针对性政策，二是政策实施需要监督保障措施，三是政府干预必须坚持适度原则。

1.3 研究内容

本篇的研究目标是研究政府在科技企业孵化服务供给体系中的角色。主要分析"政府干预孵化服务产品生产的动机"和"政府具体角色模式的选择"两个问题，以"孵化服务的生产方式、政府为什么要干预孵化服务的生产、如何有效干预"的逻辑顺序展开。

研究内容围绕研究目标展开，研究重点是孵化服务产品的生产类别、孵化服务的生产失灵以及政府角色选择的研究。

2 孵化服务供给研究理论

2.1 国内外相关研究综述

2.1.1 关于孵化服务供给的研究

孵化服务可以视为孵化器提供给初创企业的一系列服务，也可以视为孵化器的功能。科技企业孵化器理论的先驱 Lakaka 认为，科技企业孵化器的重点在于提供或者创造一个有利于初创企业成长的环境，并顺应初创企业的成长需求[1]。

国外学者的研究主要侧重于经验总结。José 等总结了对西班牙孵化器行业的调查经验，对不同类型孵化器的绩效进行评价，指出科技咨询服务质量最高的孵化器绩效最好，而只专注于创造就业和增加资本的孵化器绩效最差[2]。Johan Bruneel 等对英国 7 家孵化器的调研经验进行了总结，指出孵化器服务能力的缺失主要在于孵化服务同质化严重、只能提供单一服务等，并认为这是孵化器入驻标准不严以及缺乏明确的退出标准导致[3]。

国内学者主要从孵化服务质量的影响因素出发研究孵化服务供给。宋刚运用仿真模型指出，风投机构与孵化组织合作的有效性极大地影响投融资服务供给的能力，进而影响孵化质量[4]。匡敏和曲玲玲认为，孵化服务质量的高低依赖于孵化器管理团队的管理能力和服务人员的专业能力[5]。魏薇运用系统动力学方

---

[1] Lakaka. Rapid Growth of Business Incubation in China – Lessons for Developing and Restructuring Countries [R]. World Association of Industrial and Technology Research Organizations：1 – 12，2000.

[2] José L Barberoa，José C. Casillas，Alicia Ramosb，Susana Guitar. Revisiting incubation performance：How incubator typology affects results [J]. Technological Forecasting and Social Change，2012，79（5）：888 – 902.

[3] Johan Bruneel，Tiago Ratinho，Bart Clarysse，AardGroen. The Evolution of Business Incubators：Comparing demand and supply of business incubation services across different incubator generations [J]. Technovation，2012（2）：110 – 121.

[4] 宋刚. 科技企业综合孵化系统融资服务研究 [D]. 中国政法大学，2017.

[5] 匡敏，曲玲玲. 双创背景下科技企业孵化器发展问题研究 [A]. 中国软科学研究会. 第十三届中国软科学学术年会论文集 [C]. 中国软科学研究会，2017.

法描述了孵化器知识服务能力与孵化器竞争力之间的影响关系,认为知识服务质量的提高可以显著增强孵化器竞争力①。杨萌萌认为,一个科技企业孵化器提供的服务包括:第一是为要进驻的孵化企业提供一定面积的可以长期由科技企业孵化器管理机构管理的孵化物理空间;第二是一个健全的软服务体系,包括融资、法律、会计、信息、担保、培训教育、企业经营管理顾问和技术创新咨询等;第三是提供一支具有丰富经验的企业孵化器管理队伍来进行项目管理和企业管理②。

2.1.2 关于孵化服务网络合作的研究

网络化是科技企业孵化器适应孵化企业需求的多样化、复杂化,顺应孵化产业发展的一种必然趋势。孵化服务的生产方式之一是由孵化服务网络成员合作生产,因此需要对孵化服务网络内合作关系进行研究。

Tiago等总结了对葡萄牙孵化器的调查研究,认为一个孵化服务网络合作的治理需要注意两个因素:一是注重与高校及科研院所的合作,二是要强调孵化器在孵化服务网络内的管理作用③。Joanne等认为,在孵化服务网络内,异质性成员间的合作会产生不同的效果,比如孵化器与投融资机构的合作有助于其掌握在孵项目的市场前景、市场风险、风险资金流动趋势等信息;孵化企业与其他孵化服务网络成员的合作,有利于孵化企业掌握关于孵化项目前景的信息,同时也有助于其他网络成员更深入地了解孵化企业情况④。

国内学者的研究侧重于孵化服务网络合作的基础和治理等方面。周怀峰和陈晔通过赋予孵化服务网络成员"经济人""社会人"等多重假设,指出孵化服务网络成员合作的基础包括经济基础、制度基础和社会情感基础⑤。胡海清和李浩基于问卷调查资料,通过建立结构关系模型发现孵化器领导力能够积极影响孵化服务网络协调及网络内资源共享,孵化服务网络的有效合作可以促进网络内资源共享并对孵化绩效产生积极影响⑥。周怀峰和吴勇浩指出,孵化服务网络可以视为网络成员由于利益导向联结成的共同体,其合作基础包括四个方面:

---

① 魏薇. 知识服务能力对企业孵化器竞争力的影响研究 [D]. 哈尔滨工业大学,2013.
② 杨萌萌. 科技企业孵化器孵化协作网络治理问题研究 [D]. 天津商业大学,2013.
③ Tiago R, Elsa H. The Role of Science Parks and Business Incubators in Converging Countries: Evidence from Portugal [J]. Technovation, 2010, 4 (30): 278-290.
④ Joanne L, Scillitoe, Alok K. Chakrabatri. The Role of Incubator Interactions in Assisting New Ventures [J]. Technovation, 2009, 30 (3): 155-167.
⑤ 周怀峰,陈晔. 科技企业孵化网络成员的合作基础 [J]. 技术与创新管理,2017, 389 (2): 159-164.
⑥ 胡海青,李浩. 孵化器领导力与孵化网络绩效实证研究 [J]. 管理评论,2016, 28 (3): 164-172.

一是搜寻成本低，二是利他惩罚，三是横向监督，四是清晰的分割边界①。张涵和赵黎明认为，保障关键节点成员间的利益均衡有利于孵化服务网络的稳定，并且政府的财税等支持可以促进网络内的合作②。

2.1.3 关于孵化器发展中政府角色的研究

关于科技企业孵化器发展中的政府角色，现有文献主要分为理论性研究和基于地区实践的研究。

理论性研究方面，熊婧等基于政府责任视角，认为在科技企业孵化器发展中政府应发挥鼓励、扶持、引导和监控等职能③。李伟杰等认为地方政府促进科技企业孵化器发展的路径包括完善政策体系、优化孵化器发展外部环境、调控孵化器发展方向、重视微观监管等方面④。潘冬等将孵化企业分为种子期、初创期和成长期三个发展阶段，认为不同阶段中政府是不一样的角色。孵化企业的基础孵育时期，政府的行为定位是作为"划桨人"，事事亲力亲为；第二阶段是孵化企业已进入初创期，拥有了一定的技术存量，政府逐渐由"划桨人"转为"掌舵人"的角色；第三个阶段，在孵化器的交互整合服务时期，步入成长期的孵化企业较为成熟，孵化器最关注的是如何帮助吸纳其后续发展所需的资源要素，此时政府的定位是"协调联系人"⑤。

基于地区实践的研究方面，吕剑以杨浦科创中心为例，认为上海市孵化服务供给过程中存在供给不均衡、初创企业获取孵化服务门槛较高、科技创业孵化服务流程繁琐、公共服务平台间缺乏市场竞争等问题，并提出三个解决方案：一是降低科技金融门槛，二是丰富公共服务供给形式，三是鼓励市场竞争以提高服务质量⑥。邹霞以广西为例，提出在经济欠发达地区的科技企业孵化器建设中政府的定位是，首先政府需要主导事业型的公立孵化器改革，让科技企业孵化器转变为以市场规律运营的企业；其次，在孵化器市场化运作的基础上，政

---

① 周怀峰，吴勇浩. 共同体视角下孵化服务网络成员间的合作［J］. 技术与创新管理，2016，37（5）：533-537.
② 张涵，赵黎明. 基于合作博弈理论的科技企业孵化器网络稳定性分析［J］. 科学管理研究，2013，31（3）：57-61.
③ 熊婧，唐青青，董婷梅. 大众创新创业背景下科技企业孵化器发展中的政府角色探析：基于政府责任的视角［J］. 创新科技，2015（6）：7-10.
④ 李伟杰，刘婷，王继明. 地方政府促进科技企业孵化器发展路径研究［J］. 经济问题，2014（10）：62-66.
⑤ 潘冬，杨晨，黄永春. 科技企业孵化器服务中的政府行为透析［J］. 科学管理研究，2012，30（5）：73-76.
⑥ 吕剑. 上海市科技企业孵化器公共服务供给问题研究［D］. 华东师范大学，2017.

府需要建立一套科学、高效且标准的准入体系，以此准入门槛为抓手，来引导孵化器发展的方向；最后，除了政策和财政等支持，政府工作的重点在于通过立法营造公平的创新创业法制环境，以保障充分的市场竞争，让市场规律充分发挥作用[1]。王月龙基于成都市科技企业孵化器发展实践，认为当地政府应采取的措施包括：一是大力支持民营孵化器发展；二是帮助构建外部孵化服务网络，提高孵化服务质量；三是开展持股孵化，以提高孵化器的盈利能力[2]。

2.1.4　简要评价与研究的切入点

从上述对相关文献的概述中可知，对孵化服务供给和孵化服务网络合作方面的研究，国外学者侧重于调查实践后的分析总结，国内学者侧重于理论研究。对于孵化器发展中的政府角色，国内学者的研究涵盖了理论研究和案例分析等多个方面。国内外学者的研究对孵化器理论的发展起到了巨大的促进作用。

但是，研究孵化器发展中政府的角色和行为模式，现有的文献都没有将"政府角色"和"孵化服务"联系起来，没有从孵化服务这一概念出发去研究政府不同行为模式的内在机理。事实上，科技企业入驻孵化器最需要的是孵化服务，而孵化组织的绩效评价也由产出孵化服务的质量决定。政府不论选择何种角色、以何种方式来对孵化组织进行干预，其政策的出发点和落脚点都在于帮助提高孵化服务的质量、保证孵化服务的供给量满足社会需求，以促进孵化。

本研究将孵化服务视为由孵化组织生产的一种产品，生产方式包括由单一孵化组织生产、由孵化服务网络联合生产等。通过分析孵化服务产品的特征，对其生产过程中存在的问题进行深入探讨，借此来研究政府干预孵化服务生产的动机、在孵化服务供给体系中的角色模式选择。

2.2　理论基础

2.2.1　准公共物品理论

保罗·萨缪尔森对纯公共品的定义为："每个消费者对该物品的消费，都不会导致其他消费者对该物品消费的减少。"[3] 纯粹的公共物品具有三个特征：一是收益的非排他性，即任何人都不能将拒绝付费的个人或厂商排除在享受公共

---

[1] 邹霞. 科技企业孵化器发展中的政府作用：以广西为例 [D]. 广西大学，2016.
[2] 王月龙. 成都市科技企业孵化载体建设研究 [D]. 四川省社会科学院，2015.
[3] 保罗·萨缪尔森，威廉·诺德豪斯. 经济学 [M]. 北京：机械工业出版社，1999.

物品带来的收益之外，同时任何个体也不能用拒绝付费的办法将其排除在自身的消费物品范围之外；二是消费的非竞争性，多增加一个人或市场组织消费公共品，并不会减少原有个体对公共物品的消费数量；三是效用的不可分割性，即公共物品面向整个社会供给，使所有个体共同消费、共同受益，无法采取收费等技术型的手段来限定公共物品的受益对象。纯粹的公共品，比如国防等产品，传统上主要由政府来生产。

准公共品介于纯公共品和纯私人产品之间，它具有有限的非排他性或非竞争性。准公共品的生产方式多样，既可以由政府生产，也可以由市场生产。有一种具有代表性的准公共品种类是俱乐部产品，典型例子有公园、桥梁、高速公路等。

作为孵化组织生产的产品，孵化服务是一种准公共物品，并且也具有俱乐部物品的特征。

2.2.2 外部性理论

外部性这一概念首先由马歇尔提出，此后庇古提出了私人边际成本、社会边际成本、私人边际收益、社会边际收益等概念，他指出，由于私人收益和社会收益存在差异，新古典经济学认为完全依靠市场机制就可以最优配置资源以实现帕累托最优是不可能的[①]。在现实生活中，私人收益与社会收益并不完全相等。外部经济或者正外部性，是指经济主体的行为带来的社会边际收益大于其私人边际收益；外部不经济或者负外部性则反之。比较典型的例子有污染排放和灯塔，其分别代表外部不经济和外部经济。

针对外部性问题，传统的理论途径主要包括政府补贴和界定产权两种方式。政府补贴即所谓的"庇古税"，是通过补贴现金、税收优惠等直接或间接的方式来补偿企业的私人收益，使企业的私人收益与社会收益相等，以对企业的经济产出产生激励。界定产权的主要功能在于，通过将外部效应内部化，使私人边际收益与社会边际收益相等或者私人边际成本和社会边际成本相等，可以对生产者产生正向激励[②]。产权界定的实现主要通过市场交易和立法等途径。

孵化服务具有巨大的正外部性。孵化服务的外部性是其市场生产失灵的重要原因。同时，帮助孵化器等市场组织解决孵化服务生产的外部性问题，是政府干预孵化服务产品生产的理论依据。

---

① 庇古. 福利经济学 [M]. 北京：商务印书馆，2006.
② 罗纳德·H. 科斯，等. 财产权利与制度变迁：产权学派与新制度学派译文集 [M]. 上海：上海人民出版社，2014.

2.2.3 交易成本理论

科斯最早提出交易成本的思想，交易成本经济学认为交易成本普遍存在。交易成本具体可以分为两个方面：一是事前成本，包括搜寻交易对象等的信息搜寻成本，在交易过程中的协商谈判成本和缔结合作契约的契约成本；二是事后成本，包括执行交易的成本、交易执行过程中的监督成本、交易发生问题的谈判成本和交易改变的转化成本[①]。交易成本经济学认为人性、与特定交易相关的因素以及交易的市场环境是影响交易成本的决定性因素。其中，人性因素包括有限理性和利己导致的机会主义行为。与特定交易相关的因素包括资产专用性、交易的不确定性以及交易频率。资产专用性是指自身用途的多寡和被利用程度；交易不确定性要求交易方必须衡量收益与风险以决定是否接受交易；交易频率影响交易成本，比如熟人间更容易达成交易，因为熟人相比陌生人存在更高频率的交易行为。交易的市场环境分为制度环境成本和交易难易程度两方面。制度环境成本包括人与人之间的信任程度、交易惯例和交易行为涉及的税种等；交易的难易程度则受潜在交易对手的多寡、信息流通是否有效等因素影响。

因为交易成本的因素，孵化服务的生产势必将从自主化生产向市场化生产、合作化生产演化。

2.2.4 分工理论

劳动分工这一概念最早由亚当·斯密提出，他运用一个经典的案例"别针的生产"来解释分工，认为通过分工可以极大地提高劳动生产效率，增加国民财富[②]。他认为分工提高生产效率的原因包括：一是分工使劳动者负责生产中某一道程序，大量生产可以提高劳动者的技巧与熟练度；二是分工使劳动者避免转换工作，以节省转换工作过程消耗的时间；三是分工使劳动更加简单、有序、专业，有利于机械的使用。

在斯密之后，杨小凯重新定义了劳动分工与专业化，将分工纳入经济学的分析框架，认为分工是追求利润最大化的微观经济个体组成的生产结构[③]，简单讲就是"至少一人只生产一种产品"；所谓专业化即是个体将自身支配的资源分配于自身生产的产品上。专业化与经济个体的资源禀赋、生产能力相联系。通

[①] 奥利弗·E. 威廉姆森. 治理机制 [M]. 北京：机械工业出版社，2015.
[②] 亚当·斯密. 国民财富的性质和原因的研究 [M]. 北京：商务印书馆，1997.
[③] 杨小凯. 经济学原理 [M]. 北京：中国社会科学出版社，1998.

过分工实现专业化经济，这种经济既可以存在于同一生产单位不同个体之间的分工协作，也可以指不同生产单位之间的分工协作。同时，分工与专业化经济实现的条件是分工实现的经济收益要明显大于分工造成的交易成本。分工与交易成本理论为孵化服务生产的演化提供了理论依据。

2.2.5 合作理论

分工与合作紧密相关。合作基本理论认为，经济主体合作的动机是分享合作收益剩余，但曼瑟尔·奥尔森指出，经济利益的驱动并不一定产生合作。他认为，在一个集团范围内，如果集团的收益是公共性的，也就是说集团中的每一个成员都可以共同并且平均地获取集团收益，而不论其是否为集团获取的收益付出了成本，那么作为理性经济人的集团成员将不会付出成本而只想搭别人便车以坐享其成。针对为获取公共性收益的集体合作，有理性的、寻求自我利益的个体不会采取行动以实现他们共同的或者说集团的利益[①]。阿克塞尔罗德通过对不同合作策略的计算机仿真模拟发现，"一报还一报"的合作策略最具有有效性[②]。一报还一报是指合作方在合作过程中不首先背叛，当对方出现机会主义行为时立即采取报复行为中止合作。阿克塞尔罗德证明了即使是毫不了解的个体之间，合作也完全可以建立。坚持一报还一报和不首先背叛的策略，合作可以持续进行下去。

孵化服务的合作生产存在失灵现象，而政府干预孵化服务合作生产的理论依据就是帮助解决孵化服务网络的合作治理问题。

---

① 曼瑟尔·奥尔森. 集体行动的逻辑 [M]. 上海：上海人民出版社，2014.
② 阿克塞尔罗德. 合作的进化 [M]. 上海：上海格致出版社，2012.

3 孵化服务产品的生产

本章在阐明孵化服务产品特征的基础上,分析孵化服务的生产方式,主要包括自主化生产、市场化生产和集体合作生产。同时分析孵化服务生产的演化,并认为孵化服务的生产过程中存在自主生产失灵、市场失灵和合作失灵。

3.1 孵化服务产品的特征

3.1.1 个性化定制的产品

孵化服务的生产是面向需求方的,以用户需求为导向,注重与需求方的交互,服务内容具有个性化特征。不同类型的孵化企业对孵化服务的需求可能并不完全相同,即使是同一孵化企业在其发展的不同阶段对孵化服务的需求也不相同。比如由科研人员主导建立的科技企业,其在技术研发层面有极高的水平,不需要专业的技术咨询服务,但缺乏必要的企业经营管理知识,在将技术知识转为市场产品的关键层面缺乏必要的支持和帮助,因此需要管理服务;对于同一孵化企业,在创业初期需要基础的办公场地和设施、创业启动资金等,但在其进入成熟期后,可能更需要企业管理方面的指导和帮助。孵化组织需要根据不同孵化企业及企业不同发展阶段的需求生产针对性的孵化服务。因此,孵化服务具有"个性化定制"的特点,才能更有效地促进孵化。

3.1.2 俱乐部式物品

孵化服务是一种俱乐部物品。俱乐部物品是指通过俱乐部形式组织起来的利益共同体提供的具有一定公益性的物品,其受益人相对固定。作为一种俱乐部物品的孵化服务,具有对外排他性和有限非竞争性两个特征。

一是对外排他性。孵化企业想要享受到孵化器等孵化组织提供的孵化服务,就必须要首先进入孵化器,并付出费用来购买自己想要得到的孵化服务。也就是说,只有付费的孵化企业才能够获得孵化服务。

二是非竞争性和竞争性共存。在一个孵化器内的孵化服务数量是有限的,或者说一个具体的孵化组织能够提供的孵化服务数量是既定的,当入驻孵化器的孵化企业数量较少时,单个孵化企业对孵化服务的消费不会减少其他企业对同一种孵化服务的消费,此时孵化服务是非竞争的;但当入驻孵化器的孵化企业数量较多时,多一家孵化企业对孵化服务的消费,在一定程度上就会影响到其他孵化企业对同一类型孵化服务的消费,从这一意义上来讲,孵化服务又具有竞争性的特征。

3.1.3 准公共物品

孵化服务作为一种准公共物品,主要表现在它具有巨大的外部性。仅仅将孵化服务定义为俱乐部物品是不完整的,这种讨论只能局限于某一特定的孵化器范围内,若超出限定的某个具体孵化器的范围,孵化服务对社会具有正外部性效应,即孵化服务在给孵化企业带来收益的同时,有相当大的一部分收益外溢给了社会,而外部性的受益方却无法确定,当然也就不会为这种外部性付出成本。这使孵化服务的生产者无法获得应有的收入,因而缺少生产孵化服务的动力。从这一角度来看,孵化服务具有非排他性和非竞争性,是介于纯私人物品和纯公共品之间的一种物品,即准公共物品。

3.2 孵化服务产品的供给体系

孵化服务的供给体系由三种不同的生产方式组成:一是自主化生产,由孵化器为孵化企业提供孵化服务,生产者只有孵化器一家组织;二是市场化生产,孵化器将某些零星的孵化服务外包给其他市场个体,生产者是不同的个体市场组织;三是集体合作生产,由孵化器为中介,联合众多市场个体组成孵化服务网络,网络成员合作生产不同孵化服务组成的服务包,生产者是孵化服务网络内的成员。以上三种生产方式共同组成了孵化服务的供给体系。

3.2.1 自主化生产

孵化服务自主化生产的含义是孵化服务全部由孵化器一家组织生产,这种"全能型"孵化器主要存在于科技企业孵化器发展的初期。自主化生产方式要求孵化器以自身力量为孵化企业提供一切服务,比如孵化企业成长所需的资源、基础设施、资金等服务,这些服务虽然性质不同,但都由孵化器来提供(图3-1)。

图 3-1 孵化服务的自主化生产模式

对于孵化服务的自主化生产，将孵化器视为一个企业组织，则入驻孵化器的孵化企业可以视为孵化器这家组织内的组成部门。在孵化服务仅由孵化器自主生产提供时，孵化器这个企业是自给自足的。

3.2.2 市场化生产

市场化生产方式是指，孵化器将某些孵化服务外包给其他市场个体来生产。自主化生产是孵化器作为企业的自给自足，当孵化器自主提供孵化服务的成本过高，或者孵化器因自身能力有限无法满足孵化企业要求时，孵化器往往会选择将某些孵化服务外包给专业组织来生产。外包生产孵化服务的方式即为市场化生产。

根据分工理论，孵化器将自身不擅长的孵化服务外包给专业组织时，孵化服务的生产就实现了分工与专业化经济效应，此时孵化服务的生产效率高于全能型孵化器的自给自足。一般的，以市场化方式生产的孵化服务往往是专业型较强的服务类型，比如投融资服务、技术服务、管理咨询服务等。根据服务的性质和种类，市场化生产的孵化服务大致可以分为投融资服务、技术服务、咨询服务、人才服务、信息服务等。这些专业服务的市场化生产者主要有行业协会、投融资机构、高校和科研院所、人力资源机构、咨询机构等，其中咨询机构主要指会计师事务所、律师事务所、证券公司等中介组织。不同孵化服务的市场化生产者不同，具体如下：

投融资服务主要由投融资机构或者孵化器生产。资金实力雄厚的孵化器可以对有市场潜力的孵化企业进行投资，但投融资服务的主要生产者是专业的投融资组织，包括科技小额贷款公司、创业投资机构、融资租赁公司、担保公司、银行等组织，它们虽然提供的都是投融资服务，但也存在一定的差异，主要是提供投融资服务的方式不同以及针对孵化企业发展的不同阶段而进行投资。

专业的技术服务由高校和科研院所生产，作为孵化器一般难以具备专业的技术设备以及技术服务平台。高校和科研院所出售技术服务的方式，一方面表现为向中小微科技企业提供其发展必需的技术设备使用权，另一方面表现为以其在科研资源和人才队伍等方面的优势，向孵化企业提供研发等方面的专业技术咨询服务。

咨询服务由专业的咨询机构生产，比如会计师事务所生产会计咨询服务，律师事务所生产法律咨询和顾问服务，证券公司生产辅导孵化企业上市、承销企业债券等服务。

人才服务的生产者是人力资源中介机构。有些孵化器自身可以帮助入驻的孵化企业招聘人才、培训员工等，有些孵化器则将这种服务外包给专业的人力资源中介来生产。

信息服务主要由行业协会来生产。行业协会通过采取调研考察和组织行业交流等方式收集企业孵化器及孵化企业的相关信息，了解本行业的发展情况，协助孵化器构建较为完善畅通的信息沟通交流渠道[①]，不仅可以为孵化企业带来及时准确的市场信息，引导企业经营，作出有利于自身发展的决策，也可以促进同一孵化器内的孵化企业、不同孵化器的孵化企业之间的信息交流与知识共享。

3.2.3 集体合作生产

集体合作生产方式多见于孵化服务网络内部。孵化服务网络是以孵化器为主导并担任信任中介和沟通桥梁，链接孵化器外部的孵化资源而形成的组织。市场化生产指孵化器将某一种服务外包给其他组织生产，这种外包是孵化器与第三方组织之间的"双边外包"。这种双边外包主要生产的是单一的个体孵化服务，而孵化服务网络中的集体合作生产方式是一种"多边外包"。集体合作生产方式如图3-2所示。

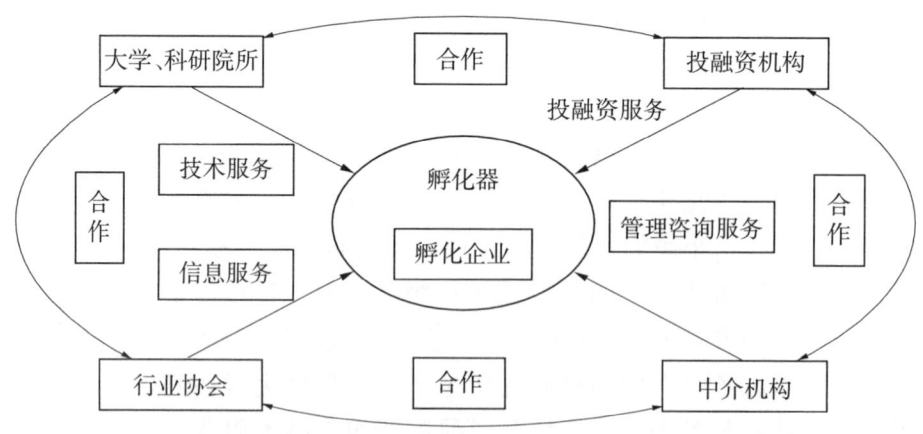

图3-2 孵化服务产品合作生产

[①] 熊胜绪，方晓波. 我国科技企业孵化器服务能力研究 [J]. 经济论坛，2009 (7)：42-46.

对于入驻孵化器的孵化企业而言，其成长所需的孵化服务是多样且复杂的，单个孵化组织能够提供的只是一种、一个类别的孵化服务，可能无法满足孵化企业的成长需要，此时需要孵化服务网络中成员之间进行合作。一种典型的合作生产方式是，孵化器作为中间商，将不同种类的孵化服务外包给第三方孵化组织，第三方组织生产的孵化服务类似于中间产品，经由孵化器进行加工处理成最终产品"孵化服务包"出售给孵化企业。孵化服务的合作生产方式有以下优势：

第一，孵化组织和孵化企业之间可以节省交易成本。由于初创的中小微企业存在的收益不确定、机会主义行为等风险，一般服务机构要想为初创企业提供服务，势必要付出巨大的交易成本。而对于科技企业孵化器内的孵化企业，一是孵化服务提供机构可以在孵化器内的孵化企业进行筛选，确定服务对象，极大地节省了信息搜寻成本。二是有企业孵化器作为信任中介，为自己孵化企业的质量、信誉、市场潜力等背书，可以有效降低孵化服务提供者在提供孵化服务时面临的风险。三是有企业孵化器作为沟通桥梁，可以有效地促进服务提供者和接受服务者之间的沟通，减少相应的沟通成本。

第二，孵化器和孵化组织之间可以实现分工和专业化经济效应。通过合作的方式，可以增加孵化服务的质量和数量。比如，在投融资服务方面，孵化器自身的资金实力当然比不上创投机构、天使资金等专业的投融资机构；技术咨询服务方面，孵化器能够提供的质量也不如坐拥大量专业科技人才和高端科技设备的高校和科研院所。因此，为了能够更高效率、更好质量地孵化初创企业，企业孵化器可以将不同类型的孵化服务外包给专业的服务提供者，由投融资机构、行业协会、高校和科研院所等服务提供者在各自的专业领域，生产专业的孵化服务；由科技企业孵化器统筹全局，促进不同孵化组织的合作，集体生产孵化服务包，以实现分工和专业化经济，更好地对孵化企业进行孵化。

第三，孵化服务网络内可以实现协同创新。这一方面体现在，网络成员之间的知识共享，可以形成学习效应[1]，有利于所有网络成员共同进步和发展。另一方面体现在孵化服务网络内可以实现风险共担与利益共享。与节约交易成本类似，现代高科技型的创业项目，往往具有前期投入成本高、投资回报时间长、项目成功率低的特点，为了能够更好地孵化初创型高新科技企业，孵化器通过制定一系列契约、协议等合作规则，联合不同的服务提供者形成一个共享利益并共担风险的利益共同体，各司其职，集体生产孵化服务，能够有效地降低个

---

[1] 任志安. 知识共享与规模经济、范围经济和联结经济 [J]. 科学学与科学技术管理，2005（10）：119-124.

体组织在孵化初创企业时承担的风险,提高孵化成功率。

3.3 孵化服务产品生产的演化

科技企业孵化器的发展趋势是,从成立初期的"全能型"逐渐转化为以孵化器为中间节点的孵化服务网络。而孵化服务的生产方式则由孵化器自主化生产为主转变为以市场化生产、集体合作生产方式为主。

3.3.1 孵化服务生产者的演化

孵化服务生产的最初始形态是只有孵化器一家生产者,由孵化器自己为孵化企业提供一切服务。在孵化器发展初期,孵化器因为能力有限,往往只是为孵化企业提供基础设施服务,也就是提供办公场所。此时的"孵化器"其实只是一个收房租的房东角色。当然,基础设施服务是孵化器最原始的,也是最基本的服务类型。至于其他类型的孵化服务,则根据孵化器能力的不同而不同。比如具有创业投资性质的孵化器,更擅长生产投融资服务,其为孵化企业提供的主要是资金;如大学或科研院所成立的孵化器,则更擅长生产技术服务,由于此类孵化器具有的技术资源禀赋,使它为孵化企业提供的主要是技术类的咨询服务。

随着经济社会的发展,单一的全能型孵化器,或者带有某一专业特性的孵化器能够提供的孵化服务难以满足孵化企业的需求。作为孵化企业,其成长所需的服务是多种多样的,包含一家企业从初创走向成熟的所有方面,不只是办公场地、资金等基础服务类型,还包括技术、管理咨询、信息等增值服务。此时所谓的"全能型"孵化器因能力有限,其实已不能称为全能,自身能提供的孵化服务数量和质量都难以具备竞争力。

此时,为了满足经济社会发展和孵化企业的需求,孵化器会选择将某些自己无法生产的,或者自己生产成本过高的孵化服务外包给专业化的市场组织,即其他孵化组织。比如一家具有创业投资属性的孵化器,自身拥有生产投融资服务的能力,但缺乏生产技术咨询服务的能力,就可以选择将技术服务外包给高校和科研院所,由专业组织来生产技术服务,再提供给孵化企业。此时孵化服务的生产者由孵化器一家增加到多家孵化组织。

孵化服务的双边外包只能解决单一孵化服务的生产问题,但如果孵化器以自身为核心,联结所有的第三方孵化组织形成孵化服务网络,此时的孵化服务生产就由双边外包转为多边外包。孵化服务的生产者转变为所有的孵化服务网络成员。

3.3.2 孵化服务生产方式的演化

与孵化服务生产者对应，当生产者演化时，孵化服务的生产方式自然随之演化。当孵化服务生产者只有孵化器一家组织时，其生产方式就是孵化器自给自足的"自主化生产"；当孵化服务生产者由孵化器增加到双边外包的其他孵化组织时，孵化服务的生产方式是基于市场交换原则的"市场化生产"；当孵化服务的生产者成为孵化服务网络成员时，孵化服务的生产方式是孵化服务网络成员的"集体合作生产"。孵化服务从自给自足到双边服务外包，再到形成多边外包、多方合作的孵化服务网络，就是孵化服务生产的演化过程。

孵化服务的生产方式从自主化生产、市场化生产到集体合作生产，所产生的生产费用是逐渐降低的，尤其是在形成孵化服务网络后，不同的网络成员各司其职、分工协作，生产自身最擅长的孵化服务类型。这种分工生产方式可以形成专业化经济效应，极大地提高了生产效率、降低了生产成本。但与此同时，不同网络成员之间合作产生的交易成本是不断增加的。外包的内因是不同服务职能的专业化，它与交易费用密切相关①，只有当分工的收益大于产生的交易费用时，孵化服务演化过程才能够进行。

3.4 孵化服务的生产失灵

孵化服务产品的生产并不是全无问题，由于不同的原因，孵化服务的生产存在一定程度的失灵现象。

3.4.1 孵化服务的自主生产失灵

孵化服务的自主生产失灵主要是全能型孵化器自身服务能力有限，生产孵化服务的数量和质量难以满足孵化企业的需求。前文已经论述，当作为一个企业组织的孵化器能够做到自给自足时，其生产的孵化服务可以满足内部孵化企业的需求，此时孵化服务的自主生产是成功的，不存在所谓失灵。但随着经济社会的发展，孵化企业对孵化服务的需求越来越高，当孵化器只依靠自身能力难以满足时，自主化生产的孵化服务数量相对需求量而言，是不足的。此时的孵化服务存在自主生产失灵现象。

---

①卢锋. 我国承接国际服务外包问题研究 [J]. 经济研究，2007 (9)：49-61.

3.4.2 孵化服务的市场生产失灵

孵化服务的市场化生产存在失灵主要表现为某些市场化生产的孵化服务数量不足。孵化服务的市场化方式基于市场交换原则，孵化器将孵化服务外包给其他孵化组织生产，需要付出一定的费用。比如对于投融资服务而言，孵化器将其外包给创业投资、风险投资等投融资机构来生产，需要付出的费用一般来说是孵化企业的初始股权：初创型的孵化企业将一部分股权让渡给投资机构，投资机构生产投融资服务并提供给孵化企业，等孵化企业成熟或毕业之后获取股权增值收益。孵化服务基于市场交换原则的市场化生产方式在理论上是有效的，但实际上市场化生产的孵化服务数量可能存在短缺，即市场失灵。

3.4.3 孵化服务的合作生产失灵

集体合作生产失灵又称合作失灵，这种失灵主要表现为孵化服务网络内部存在的合作失灵现象。因为孵化服务的合作生产方式要求孵化器以自身为节点联结其他孵化组织组成网络，各个网络成员基于共同的目的——促使孵化企业成功毕业以获取收益——而合作生产孵化服务产品。但网络成员间的合作并不是一定成功的，实际上，虽然网络成员有共同的目标和利益，但作为理性经济人的网络成员，常常会出于利己的动机而采取破坏合作的行为。孵化服务网络内合作治理的难题，导致以合作方式生产的孵化服务数量短缺，即合作失灵。

4 政府干预孵化服务产品生产的理论与现实

孵化服务生产失灵有两种情况：自主生产失灵可以靠生产者自发解决，市场失灵和合作失灵无法靠生产者自发解决。因此弥补市场失灵和合作失灵是政府干预孵化服务生产的理论依据。此外，本章也从现实角度阐释地方政府干预孵化服务产品生产的原因。

4.1 孵化服务生产失灵的解决方式

4.1.1 自主生产失灵：生产者自发解决

对于孵化服务的自主生产失灵，可以通过生产者自身力量解决。由于对孵化服务的自主生产方式而言，其生产者是全能型孵化器，当孵化器限于自身能力而难以满足孵化企业的需求时，就出现了孵化服务自主生产的短缺，即自主生产失灵。此时，孵化器可以选择将部分孵化服务外包给其他孵化组织来生产，即选择市场化生产或者合作生产的方式来供给孵化器自己无法提供的孵化服务。从这一点来讲，孵化服务生产由自主化方式向市场化、合作生产是必然的趋势。

4.1.2 市场失灵与合作失灵：政府帮助解决

与自主化生产失灵不同，市场失灵与合作失灵通常无法通过生产者自身的力量来解决。当生产者自己无法解决孵化服务生产数量短缺问题时，就需要政府来帮助市场组织解决生产失灵的问题。

4.2 孵化服务市场生产失灵的原因

市场化生产的孵化服务如果存在失灵，由生产者自身力量一般是难以解决的。主要原因有两个：一是外部性问题难以解决；二是不完全信息造成对孵化企业投资的巨大风险，使投融资服务难以满足孵化企业的成长需求。

4.2.1 外部性问题

作为准公共物品的孵化服务具有正外部性。特别是诸如技术咨询服务、人才服务、管理服务、信息服务等都具有较强的外部效应,这种外部效应的根源在于孵化服务的知识外溢。不论是对孵化企业管理者和员工的专业技能咨询和培训,还是不同孵化企业管理者之间的信息交流与共享,本质上都可以视为一种知识服务的形式。这种知识溢出不仅局限于某个孵化器内部的不同孵化企业,也会外溢到社会中,产生巨大的经济效益[①]。这种外溢的知识效应极大地促进了整个社会福利的增加。而这种外部效应的受益者却并不局限于产出孵化服务的孵化组织内部,而是涵盖了当地的政府、其他企业等社会组织。这种知识溢出的巨大外部性体现出效用的不可分割性。这造成孵化服务生产者的私人边际收益与社会边际收益存在差异,孵化服务提供者生产孵化服务的动力不足,由此导致孵化服务市场供给的产量不能达到社会最优产量的要求。

假设企业的生产函数是自有知识 a 和外部知识 b 以及其他投入 c 的函数,且其他投入 c 为常数保持不变。则有

$$Y = f(a, b, c_0), \quad c = c_0 \tag{1}$$

$f(\cdot)$ 是关于 a 和 b 的收益递增函数,关于 c 的收益不变函数。假设企业获得的收益即为其产品价格,以 P 表示企业生产的产品价格,则有 $Y_i = P_i$。讨论两个组织内的企业:普通企业和孵化器内的企业。这两者的区别在于孵化器内的企业能够获得具有知识外溢效应的孵化服务,普通企业没有。假设有 m 家普通企业,那么普通企业的总收益可以表示为

$$Y_1 = P_1 = \sum Y_i = \sum f_i(a, c_0), \quad i = 1, \cdots, m \tag{2}$$

假设孵化器内同样有 m 家企业,这些企业之间因为接受的孵化服务而产生的知识外溢效应,每家企业都或多或少获得外部知识。则其总收益可以表示为

$$Y_2 = P_2 = \sum Y_i = \sum f_i(a, \sum \varepsilon_i b_i, c_0), \quad i = 1, \cdots, m, \quad \varepsilon_i > 1 \tag{3}$$

因为 f 是关于 a 和 b 的收益递增函数,显然可得到孵化器内企业的总收益大于普通企业的总收益,即 $Y_2 > Y_1$。$Y_2 - Y_1$ 的一部分表示为社会福利,其并不能全部为孵化企业所获得。增加的社会福利就是孵化服务产生的正外部效应。

以 Y_i^p 表示企业的私人边际收益,以 Y_i^s 表示企业的社会边际收益,可以得到普通企业的私人边际收益为

[①] 卢福财,胡平波. 基于竞争与合作关系的网络组织成员之间的知识溢出效应分析 [J]. 中国工业经济,2007(9):79 - 86.

$$Y_1^p = \frac{\partial f(a, c_0)}{\partial a_i} \tag{4}$$

普通企业的社会边际收益为

$$Y_1^s = \frac{\partial f(a, c_0)}{\partial a_i} \tag{5}$$

显然,普通企业的私人边际收益与社会边际收益相等,有 $Y_1^p = Y_1^s$。那么对于孵化器内的企业,其私人边际产品收益为

$$Y_2^p = \frac{\partial f(a, b, c_0)}{\partial a_i} \tag{6}$$

因为存在知识外溢效应,孵化器内企业的社会边际产品收益为

$$Y_2^s = \frac{\partial f(a, c_0)}{\partial a_i} + \sum \frac{\partial f(a, c_0)}{\partial b} \tag{7}$$

可以看到 $Y_2^p < Y_2^s$,即孵化服务的社会边际收益大于私人边际收益。我们以 MU_s 表示孵化服务的社会边际收益,以 MU_p 表示孵化服务的私人边际收益,以 MC 表示孵化服务供给的边际成本,以 Q 表示孵化服务的产量,孵化服务的最优产量如图 3-3 所示。

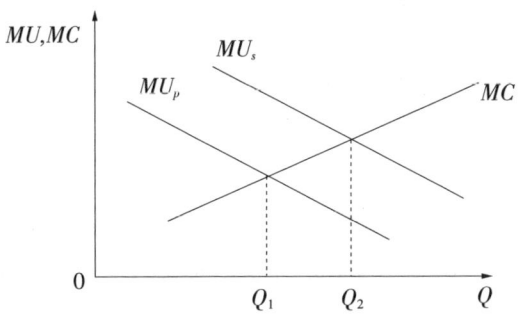

图 3-3 孵化服务的最优产量

从图 3-3 中可以看出,Q_1 是孵化服务私人边际收益与边际成本决定的私人最优产量,Q_2 是孵化服务的社会边际收益与边际成本决定的社会最优产量。由于孵化服务的社会边际收益大于私人边际收益,孵化服务造成的收益不能全部由孵化服务提供者自身获得,这就造成了孵化服务提供者生产孵化服务的动力不足,由此导致孵化服务市场供给的产量不能达到社会最优产量的要求。这种因外部性导致的孵化服务数量短缺,单纯靠生产者自己的力量是无法解决的。

4.2.2 不完全信息导致的投资风险

因为信息的不完全或者不对称,初创企业在技术、市场、管理等方面存在

巨大的不确定性，虽然孵化器等孵化组织能够在各个方面对孵化企业进行帮助，但这种不确定性导致孵化服务的成本是巨大的。如果孵化企业能够成功毕业，可以通过资本退出等方式获取收益，而一旦孵化企业孵化失败，那么孵化服务提供者尤其是投融资服务提供者将遭受巨额损失。不完全信息导致的投资风险主要包括技术风险和市场风险。

1. 技术风险

初创企业在将高新科技研究成果转化为市场产品的过程中，技术是否可行，预期与具体实践可能存在偏差，其中存在的风险具体表现如下。

第一是技术能否成功。在技术成果到商业化产品的过程中，每一个环节都需要相应的技术创新，如果某个环节的技术障碍无法攻破，那么科学技术产业化将前功尽弃。

第二是技术前景不确定。创业者在将技术转化为产品时，其并不能确定开发的技术是否可以满足自己对产品功能的预期。如果无法满足市场需求或者创造出相应的市场需求，那么就没有完成真正意义上的市场化，也就无法获得收益。

第三是技术可能存在的负面效应。比如一项高新科技成功转化为产品，也具有了创业者预期的功能，但却对社会或者环境造成负面效应，那么这种新产品就失去了自身本该拥有的相对于旧产品的优势，投资将无法收回，反而造成巨大的损失[①]。

第四是技术寿命的不确定。科学技术发展迅速，高新科技产品更新换代的速度日益加快。创业者在经过大量的努力后终于将自己的科学技术转化为产品，相似技术可能会迅速出现。大量同质化产品加剧了市场竞争；或者在科学技术产业化之后，新的技术出现替代了原有技术，那么费尽千辛万苦生产出的产品可能面临一出生就被淘汰的命运。

2. 市场风险

市场风险是初创企业无法回避的问题，主要表现如下：

第一是市场需求的不确定。对于高新技术产品而言，它面对的市场是潜在的、不确定的，在推向市场后，往往需要一定的时间来被客户所接受。同时因为新产品的原因，创业者在估计市场需求量时难以借鉴以往的经验。如果高估了市场容量，在经过巨额投入后产出的产品却不能全部被市场所消化或者要经过相当长一段时间才能被市场接受，那么就很容易出现产品积压，给初创企业

---

① 张亚兰. 基于战略联盟视角的科技企业孵化器与创业投资外部合作研究 [D]. 天津大学，2011.

的资金周转带来问题，高新科技产品的巨额投入也就无法及时收回；如果低估了市场容量，初创企业已经生产的产品被市场消化后继续生产下一批产品需要一定的时间，这个阶段很容易错失更好的市场机遇。

第二是产品的市场竞争风险。首先创业者难以对生产的产品进行定价。因为高新科技产品的成本相对传统产品会更高，为了收回成本需要制定相对较高的价格。但新产品一上市就以高价售卖，很容易超出消费者的心理预期。这就使新产品的价格缺乏必要的市场竞争力，从而无法实现产品的价值。其次是来自同质产品的竞争。新产品如果受到市场的欢迎，初创企业会获得巨额的收益。这种高收益势必会引起其他企业的模仿，大量同质化产品的出现会抢占原有新产品的市场份额，同时会降低该种产品的市场价格。市场价格以及销量的降低会影响到初创企业前期投入的收回。最后是产品的市场服务不足。因为初创企业规模往往较小，资金和能力上的不足使初创企业难以针对开发的新产品进行完善的售后服务。售后服务的缺乏也会在一定程度上对产品销售造成不良影响。

综上所述，这些风险都是造成初创企业失败的重要原因。对于投资者而言，往往难以承受初创企业失败造成的巨额损失，因此初创企业能获得的投融资服务相对于它们自身的需求是不足的。投资风险难以补偿的性质，导致孵化服务生产的市场失灵，而且无法靠生产者自发解决。

4.3 孵化服务合作生产失灵的原因

合作失灵主要存在于孵化服务网络成员之间，单靠网络成员自身的力量无法解决孵化服务网络合作治理的问题，原因主要在于以下方面。

4.3.1 孵化项目收益不确定

由于不完全信息，初创企业或项目存在的技术风险、市场风险，相比较成熟型的高新科技企业而言投资风险更大。作为以利益为导向的孵化组织，如果过分追求短期收益的最大化或者担心投资风险难以补偿等问题而不能够积极地向孵化企业提供孵化服务，或者缺乏合作的积极性而无法与孵化服务网络内的其他成员合作生产孵化服务包，就会导致孵化服务的供给不足或者质量低下。

4.3.2 成员的机会主义行为

根据合作理论，在一个集团范围内，如果集团的收益是公共性的，也就是说集团中的每一个成员都可以共同并且平均地获取集团收益，而不论其是否为集团获取的收益付出了成本,那么作为理性经济人的集团成员将不会付出成本而只想搭别人便车而坐享其成。对于孵化服务网络的成员来讲,它们合作生产孵化服务行为也面临着同样的行为逻辑,或者说合作困境。

在合作生产孵化服务包的过程中,不同服务提供者的努力往往是难以衡量的。如果接受孵化服务的初创企业或项目获得了巨大收益,很难讲不同的孵化组织谁的贡献大、谁的贡献小,或者说很难衡量哪一个孵化组织尽了最大努力来提供孵化服务、哪个孵化组织在偷懒。那么这种孵化成功的收益就体现出一种不可分割性,意味着孵化服务网络这个集体的收益具有公共性的特征。在这样的合作环境中,就极易产生搭便车的现象。某些网络成员可能采取故意偷懒的行为,减少或者不付出生产孵化服务的成本而坐享孵化项目成功后的收益。一旦这一类的网络成员得逞,那么搭便车等机会主义行为将传染至其他成员,不同的孵化组织纷纷效仿,合作生产将难以为继,个别成员的短视行为将导致包括它自己在内的孵化服务网络分崩离析,各方利益皆受到损失。

4.3.3 监督惩罚困境

由于信息不对称等导致的机会主义行为严重破坏了合作,那么监督网络成员的行为,对机会主义者采取惩罚无疑可以维持孵化服务网络成员彼此间的合作,也可以提高孵化服务包的生产效率。但是,对多个不同性质孵化组织参与的孵化服务网络,即使有科技企业孵化器作为核心,所谓的监督惩罚机制仍然难以维持。其主要原因如下:

第一,孵化服务网络内各个成员之间的关系是平等的。虽然孵化器是孵化服务网络的核心,但它的核心地位主要体现在扮演孵化企业与孵化组织之间的信任中介和沟通桥梁的角色。孵化器不仅没有法律赋予的惩罚其他成员的权力,同时在一般情况下,孵化器也不具有惩罚其他网络成员的实力。

第二,如果要采取网络成员自发进行相互监督的措施,实施起来也有一定难度。因为这需要孵化组织自己承担不必要的监督成本,降低其参与供给孵化服务的合作积极性。同时如果需要不同成员互相监督的话,很容易恶化孵化服务网络内的成员间相互信任的合作环境,导致大家互相猜疑,降低孵化组织合作生产孵化服务的效率,更严重者甚至会造成孵化服务网络的解体。

第三,即使成功实现了网络成员间的相互监督,但是否对机会主义等破坏合作的行为进行惩罚也是一个很难实践的问题。首先,孵化服务网络内的成员之间的地位是平等的,很难出现一个超然于其他成员的孵化组织。这就决定了普通的网络成员很难有实力去对其他成员进行惩罚,即使成功地对机会主义者实施惩罚，惩罚者也要面临被惩罚者之后的报复行为。这对于普通的网络成员来说，惩罚的高额成本会阻碍其可能采取的惩罚行为。其次，惩罚成功为集体合作带来的额外收益具有非排他性，也就是说惩罚成功带来的收益并不能为惩罚者自身独享①，这就带来了又一层集体行动的困境：在发现机会主义者之后，所有成员都静静等待一位成员付出成本来惩罚机会主义者，而自己只需搭便车坐享惩罚成功后带来的额外合作收益，所以结果就是没有成员会付出成本来实施惩罚。最后，由于信息不对称等原因，孵化服务网络难以衡量网络成员实施惩罚的成本，也就无法相应地对惩罚者进行奖励以补偿其成本。激励机制的缺乏会降低网络成员维护孵化服务网络合作秩序的积极性。

综上所述，孵化服务网络合作存在一定的治理难题，合作不能有效进行必然导致合作生产的失败，并且这种合作的失败很难依靠网络成员自己的力量来解决。

4.4 政府干预孵化服务产品生产的理论依据

如前所述，孵化服务生产的市场失灵和合作失灵均无法依靠生产者自身的力量来解决，因此要求政府必须进行干预，才能促使孵化服务的生产数量满足孵化企业的需求。

4.4.1 弥补市场失灵：解决外部性与投资风险问题

外部性和不完全信息导致孵化服务市场化生产失灵，即单纯靠市场力量生产的孵化服务数量无法满足社会需求量。孵化服务市场生产失灵的逻辑解释如图3-4所示。

由于市场失灵，孵化组织缺乏足够的经济激励去生产孵化企业成长所需的孵化服务，这就限制了科技型初创企业的成长，降低了孵化企业的存活率和毕业率，失去了孵化器建立的初衷。在纯市场力量无法解决的情况下，理论上应该由政府来介入孵化服务的市场化生产，补偿因孵化服务外部性带来的孵化组织私人收益的损失，或者与孵化组织共担投资风险。孵化服务生产的市场失灵为政府介入孵化服务产品的生产提供了理论依据。

---

①周怀峰，谢长虎. 强互惠、非强互惠第三方惩罚与群体合作秩序［J］. 中国行政管理，2015（5）：97-103.

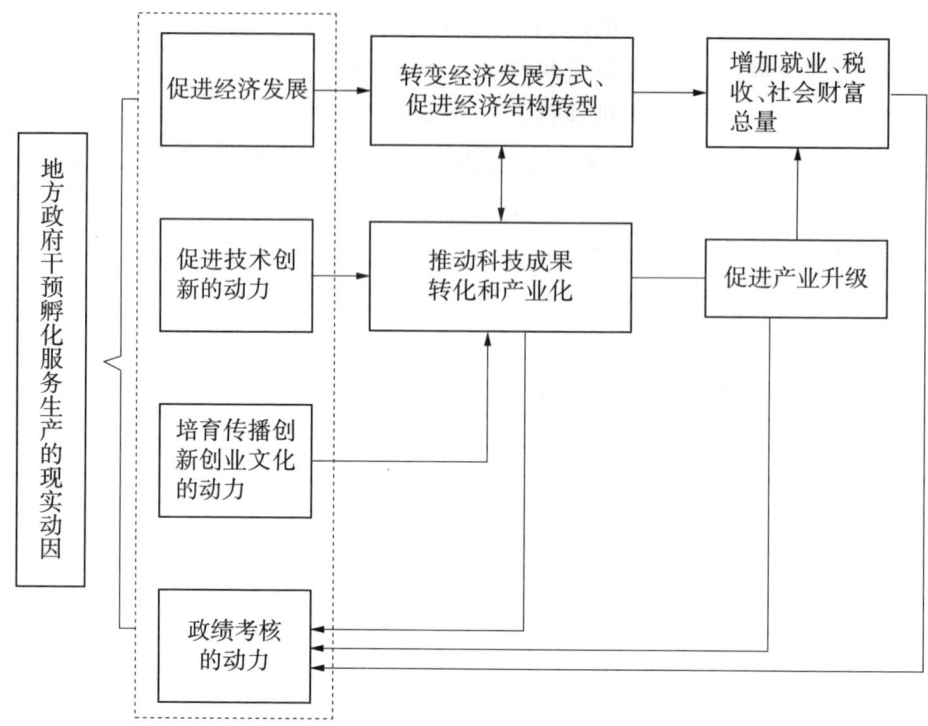

图3-4 政府干预孵化服务产品生产现实动因的逻辑图解

4.4.2 弥补合作失灵：解决孵化服务网络合作治理问题

孵化服务生产存在合作失灵，且依靠生产者自己无法解决，是政府必须干预孵化服务生产的另一理论依据。

首先，不能通过放弃孵化服务集体合作生产方式来解决合作失灵问题。因为某些孵化服务产品必须由集体合作才能生产，而无法用市场化生产来代替。最典型的例子就是不同类型孵化服务组成的服务包，这种孵化服务的集合无法通过任何一个市场化组织独自生产得到，而只能依靠由孵化器为沟通桥梁和信息中介组成的孵化服务网络集体合作生产。

其次，孵化服务生产的合作失灵主要表现在对合作成员机会主义行为的监督惩罚难题，政府弥补合作失灵的方式也应落脚于对合作成员的监督和惩罚方面。横向监督的当事人主要是孵化服务网络内部的网络成员，它们之间基本处于同等地位，缺少强势地位的网络成员监督是非正式的，只能作为自发的形式，对其他成员的约束力不强。同时，由于网络成员在某种程度上具有主观性，导致孵化服务网络内部的自我监督效果并不尽人意。相对于普通的网络成员，政府具有相对公平、处于强势地位等优势，由政府作为监督者的方式更有威慑力，作出的惩罚措施也更具有可操作性。

最后，需要注意的是，虽然孵化服务生产的合作失灵为政府的干预提供了理论依据，但政府也需要注意自身的干预方式，其所能做的只是弥补合作失灵，帮助解决困扰孵化服务网络的合作治理问题，保证孵化服务的集体合作生产可以进行，不能过多地干预集体生产活动，甚至替代市场组织本身。政府对市场化生产的干预也应注意这一点。

4.5 地方政府干预孵化服务产品生产的现实动因

除了理论依据，我国地方政府大力扶持科技企业孵化器发展、干预孵化服务产品生产主要是出于现实的动因，具体可分为发展科技的动力、发展地区经济的动力、培育创新创业文化的动力、政绩考核的动力。

4.5.1 促进地区技术创新的动力

科学技术是第一生产力。政府扶持孵化器发展、干预孵化服务产品生产的重要原因在于为了促进区域创新、推动当地技术进步。孵化服务通过培养出的高新科技企业，以科技企业为载体，顺利实现科技成果向科技产品的转化，是科技链和产业链的连接点，对地区的技术创新有重要促进作用。

第一，优化创新网络。创新网络是一种比市场更稳定的组织形式，一般由科研机构和创新企业构成[①]。而由科技企业孵化器加入的创新网络就表现出了相比其他普通创新网络的优越性。因为孵化企业收益不确定等特征，如果没有孵化器的存在，科研机构与初创企业之间的协同创新将存在大量的交易成本。科技企业孵化器加入创新网络后，由孵化器充当信任中介和沟通媒介，联合高校等科研机构为初创企业提供技术咨询等服务，不仅节省了交易成本，而且有效促进了企业与科研机构的协同创新。

第二，促进创新要素的传播。孵化组织提供的孵化服务首先培育出了大量同时具备技术能力和管理经验的新兴企业家，这些企业家是创新要素中的重要一环。同时，科技企业孵化器等孵化组织构成的孵化服务网络，以社会网络的形式提供信息服务，促进了孵化服务网络内部孵化企业、高校、科研院所等创

---

① 刘玉敏，郑敏娜，任广乾. 区域创新网络中政府与企业的演化博弈［J］. 技术经济，2016，35（7）：6-11.

新主体之间的相互了解，使得不同创新主体之间的联系更加密切。最后，科技企业孵化器自身作为网络的核心，是信息、知识等资源的交流集散地。孵化器利用自身的核心主干地位，建立起有效的信息沟通和知识交流网络，促进了有效信息在不同创新主体之间的传播，也将无用信息筛选掉。

第三，降低技术创新的风险。科技创新是一种典型的高投入、高风险的活动，因此科技型初创企业存在前期投入高、收益回报期长等特征。孵化服务是有效降低科技创新风险的方式之一。投融资服务能够较好地解决初创企业科技创新过程中的资金风险；技术咨询服务能够降低初创企业科技创新过程中的成本；管理服务、人才服务等通过培养优秀的企业管理者和员工来解决初创企业的决策风险、组织结构风险等。这些孵化服务的有机结合、在不同方面相辅相成，降低了初创企业科技创新的总风险。

综上所述，孵化服务对技术创新的促进作用要求政府必须干预其生产，提高孵化服务产品的数量和质量。

4.5.2 发展地区经济的动力

孵化服务可以极大地促进科技创新，并推动经济发展。促进技术创新与发展地区经济是密不可分的，科技进步是经济发展的内生动力。孵化服务对经济发展的推动作用主要体现在以下三个方面。

第一，促进科技成果转化和产业化，推动产业转型升级。孵化服务以孵化出新的科技企业为载体，将科技成果转化为科技产品，开拓市场，连接创新链和产业链。当前科技成果转化主要存在的问题是：一是创业者缺乏管理经验。科技人才大都有自身的核心技术，但普遍缺乏企业经营必备的管理、战略规划等知识。二是企业团队建设的缺陷和不足。初创企业往往是由几个互相熟悉的技术型人才创立，当企业规模扩大后，需要建立现代的企业管理和企业组织制度。如果企业管理结构不完善，那么会造成企业发展的后续动力不足，成为初创企业进一步发展壮大的隐患。三是缺乏社会资源。初创企业对于发展必备的诸如会计、法律、税务等中介资源，不仅严重缺乏，而且缺乏将这些资源整合起来的能力。孵化服务可以帮助解决新创科技型企业和管理者的问题，助力科研人员向企业家转型。

第二，加快经济发展方式的转变，促进经济结构转型升级。改革开放后，我国的经济增长靠的是高投资、高消耗的粗放型模式，长期依赖资源投入，尤其是资本投入的驱动①。当前我国经济已由高速增长转为高质量发展阶段,急切需要转变发展方式、优化经济结构。与生产要素的低成本优势相比,技术创新不易模仿、附加值高,为经济发展带来的动力是持续且长久的。科技创新不仅可以通过科技成果转化而直接形成生产力,而且可以提高其他生产要素的效率、放大其他生产要素的生产力。而孵化组织生产的孵化服务可以通过孵化新企业和新产业,为经济发展方式的转变、经济结构的转型形成助力。

第三,创造就业岗位,增加社会财富。就业关乎国计民生,而中小微企业可以解决大量劳动力的就业问题。孵化组织自身就可以创造一定的就业机会,更重要的是孵化组织通过生产孵化服务产品不断孵化新创企业,从孵化器中毕业的高新科技企业,不仅可以反哺孵化器以及孵化器内的其他小微科技企业,而且因为高新科技的潜力,这些被孵化出来的企业将迅速成长,给当地社会带来大量的工作岗位。除了解决劳动力就业之外,孵化服务以科技企业为载体,能够增加社会财富总量,为政府提供更多的税收收入。

综上所述,孵化服务对经济发展的促进作用是政府必须干预其生产的第二个动因。

4.5.3 培育传播创新创业文化的动力

创业文化对创业动机和行为具有正向激励作用②,而创业文化和创新精神也是推动技术创新的重要因素。孵化服务孵化出大量的高新科技企业,除了具有促进科技进步、推动经济发展、增加就业和税收等正面影响,还为社会带来正面的示范效应,有力地传播了创业文化和创业氛围。

创业文化不仅需要正面的示范效应来给社会人群带来冲击,同时也需要文化的土壤来对其进行培育和生长。具体表现:一是创业成功的示范效应。孵化器内的初创企业通过孵化服务的帮助而迅速成长、毕业,为社会带来巨大的正面影响。这些初创企业成功毕业的案例将极大地刺激其他具有核心技术能力的技术人才等潜在创业者。简言之,成功的创业将通过示范效应带动新的创业,进而带动更多的创业,在整个社会形成良好的促进创业的氛围,形成一种创业文化。二是培育创业文化的土壤。经过多年的发展,科技企业孵化器已经超出了其本身作为孵化组织的范畴,它更是一种生态组织或者生态系统,在这个生

---

① 吴敬琏. 中国增长模式抉择 [M]. 上海: 上海远东出版社, 2009.
② 仲伟伫, 王亚平, 王丽平. 创业文化对创业者创业动机影响的实证研究 [J]. 科学学与科学技术管理, 2012, 33 (9): 160 – 170.

态系统里面,为创业活动提供了良好的成长氛围和生长环境。在孵化组织内,会产生互相竞争的良性成长机制。对于创业价值观、创业精神的认同,为创业文化和创业氛围的进一步成长传播提供营养。

4.5.4 政绩考核的动力

政府行为对经济增长有重要影响,尤其是在中国特殊的国情下,这一特征更加明显。同时,有研究表明,能够激励政府官员晋升的政绩考核机制是地方政府发展地区经济的重要动力[1]。因此,对于地方政府而言,其大力扶持科技企业孵化器发展、干预孵化服务产品生产的重要动因之一是来自上级政府政绩考核的动力,这种动力也可以说是压力,它主要表现在以下方面。

第一,以 GDP 为核心的政绩考核机制压力。目前我国的经济结构表现为中央政府统一领导下以地区为基础的竞争性组织结构[2],在这种等级结构下,地方政府官员要想获得升迁,首先需要出色完成上级政府下派的各项任务,其次还需要与同级别的其他政府官员进行竞争。高层政府以 GDP 为主要指标来对次级政府官员的政绩进行考评,同时依据不同地区同级别官员的横向比较、同一地区官员主政前后经济增长水平的纵向比较来作出是否升迁的决策[3]。因此,以经济增长率作为衡量地方政府官员努力程度和能力的考核指标,使地方政府官员的个人政治前途与地方经济增长休戚相关。在这样的考核机制下,地方政府必须大力发展经济。因为孵化服务具有推动经济发展,增加就业和税收等重要作用,政府必须干预孵化服务产品的生产。

第二,国家"创新驱动发展"战略的要求。党的十八大提出要走中国特色自主创新道路,实施创新驱动发展战略,此后党中央、国务院出台文件将战略目标细分,要求各部门、各地方政府按照目标任务推进。其中,"企业为主体、市场为导向、产学研结合"的技术创新体系要求政府与企业分工协作形成协同创新体系。推动地区技术创新成为上级政府政绩考核的又一重要指标。同时,由于技术创新本身可以推动地区经济发展,增加就业和税收,对于地方各级政府而言,发展技术创新既可以提高本地区经济增长率,又可以完成上级政府下派的任务,可谓一举两得。因此,创新驱动发展战略的提出通过政绩考核压力促使地方政府必须干预孵化服务产品的生产。

---

[1] 刘瑞明,白永秀. 晋升激励与经济发展[J]. 南方经济,2010 (1):59-70.
[2] 刘瑞明,金田林. 政绩考核、交流效应与经济发展[J]. 当代经济科学,2015,37 (3):9-18.
[3] 周黎安. 中国地方官员的晋升锦标赛模式研究[J]. 经济研究,2007 (7):36-50.

综上所述，地方政府干预孵化服务产品生产的现实动力主要有四个方面。一是促进地区技术创新，推动科技成果转化和产业转型升级。二是推动地区经济发展，增加就业岗位和税收。三是对社会文化的促进。孵化器自身通过孵化服务的提供，为创新创业等创造生长的土壤和营养，并通过示范效应，为整个社会带来鼓励创新促进创业的正能量。四是政绩考核的动力。

5 地方政府在科技企业孵化服务供给体系中的角色

地方政府干预孵化服务产品生产的出发点是解决其生产失灵的问题。根据前文分析，孵化服务市场生产失灵的原因包括外部性和投资风险两方面，孵化服务合作生产失灵的原因是孵化服务网络合作治理的困境。

5.1 外部性补偿者

外部性问题是孵化服务市场生产失灵的重要原因之一，为解决外部性问题，政府一般的解决办法是对外部性进行补贴和界定保护产权。补贴方式主要是政府通过财政投入等方式对孵化服务生产者进行激励；关于界定和保护产权，理论依据是将孵化服务外部性的产权界定给生产者，则这种正外部性就内化为生产者本身的收益，使生产者的私人边际收益与社会边际收益一致。举例来讲，将孵化服务的外部性视为当年本地政府税收的增加量[1]，政府可以将一定比例的税收返还给孵化服务生产者，以这种方式来将孵化服务的正外部效应内化为生产者的收益，这种税收返还的方式是比较容易操作的界定产权方式。

综上，为解决外部性问题，政府的角色选择应是外部性的补偿者。通过财政补贴、税收返还等方式来对孵化服务的外部性进行补偿。

5.1.1 补偿策略

1. 假设条件

假设1：市场存在三个主体，政府、孵化器、孵化企业。孵化器是孵化服务的生产者[2]，为孵化企业的一个科技项目提供孵化服务，由于孵化服务的外部性导致供给孵化服务的动力不足；三个市场主体均为风险中性。

---

[1] 刘峰涛，王鲁梅. 孵化器外部性的分析 [J]. 科学学研究，2005 (10)：678-681.
[2] 在市场化生产方式下，孵化服务的生产者包括不同的孵化组织。为便于分析，将生产者表示为孵化器，该假设条件不影响分析结果。

假设2：政府补偿孵化服务外部性的方式为对孵化器和孵化企业进行补贴。

假设3：政府的补贴是局部补贴，政府补贴并不是孵化器和孵化企业的全部收入。孵化器和孵化企业的收入还包括孵化项目成功带来的收益。

假设4：政府只关心孵化企业的产出收益，以 R 表示。孵化企业的产出收益即社会收益。由于外部性的原因，孵化器和孵化企业只能得到产出收益 R 的一部分，令孵化企业和孵化器获得的收益分别为 αR，βR；$\alpha > 0$，$\beta > 0$，$\alpha + \beta < 1$。

假设5：政府目标是使自身效用最大化，以 U 表示政府效用，以 S_1 表示孵化企业获得的补贴，以 S_2 表示孵化器得到的补贴。社会收益即孵化服务的产出收益等于政府效用与政府对孵化企业和孵化器的补贴之和，有

$$R = U + S_1 + S_2$$

假设6：产出收益 R 是孵化企业的投入 e、孵化器的投入 v 的函数，e，v 表示为孵化服务的质量，孵化服务的质量直接影响到项目的产出收益。有 $R = R(e, v)$，定义 $R_e = \frac{\partial R}{\partial e}$，$R_v = \frac{\partial R}{\partial v}$，$R_{ee} = \frac{\partial^2 R}{\partial e^2}$。$R(e, v)$ 是关于孵化企业投入 e 的单调递增函数，且随着投入 e 的增加 R 的增量减少，即有 $R_e > 0$，$R_{ee} > 0$。

以 C 表示成本函数：

$$C(e) = \mu e^2 / 2, \quad C(v) = \mu v^2 / 2, \quad \mu > 0$$

μ 表示成本系数，成本函数是边际递增的。根据以上假设条件，孵化企业的激励收入为

$$\pi_{en} = \alpha R + S_1 - C(e)$$

孵化器的激励收入为

$$\pi_{in} = \beta R + S_2 - C(v)$$

政府的效用函数为

$$U = R - S_1 - S_2$$

2. 完全信息下的外部性补偿

在完全信息条件下，政府对外部性的补偿以效率最优为原则。以 m 表示孵化企业的最低收入水平，n 表示孵化器的最低收入水平。只有当孵化企业和孵化器的收入大于最低水平时，孵化服务才能够被供给。此时的政府决策为

$$\max U = R - S_1 - S_2$$

$$\text{s.t.} \quad \alpha R + S_1 - \frac{1}{2}\mu E^2 \geq m$$

$$\beta R + S_2 - \frac{1}{2}\mu v^2 \geq n$$

构造拉格朗日函数，可得

$$R - S_1 - S_2 + \lambda_1(\alpha R + S_1 - \frac{1}{2}\mu e^2 - m) + \lambda_2(\beta R + S_2 - \frac{1}{2}\mu v^2 - n)$$

分别对 e, v 求导，可得一阶条件为

$$\frac{\partial R}{\partial e} + \lambda_1 \alpha \frac{\partial R}{\partial e} - \lambda_1 \mu e = 0$$

$$\frac{\partial R}{\partial v} + \lambda_2 \beta \frac{\partial R}{\partial v} - \lambda_2 \mu v = 0$$

求解得 $e = \frac{(1+\lambda_1\alpha)R_e}{\lambda_1\mu}$, $v = \frac{(1+\lambda_2\beta)R_v}{\lambda_2\mu}$。不妨令 $\lambda_1 = \lambda_2 = 1$，可以得到孵化企业的投入水平为

$$e^* = \frac{(1+\alpha)R_e}{\mu} \tag{1}$$

孵化器的投入水平为

$$v^* = \frac{(1+\beta)R_v}{\mu} \tag{2}$$

将 e^*, v^* 代入约束条件，求得政府对孵化企业的补贴金额为

$$S_1^* = \frac{[(1+\alpha)R_e]^2}{2\mu} + m - \alpha R^* \tag{3}$$

政府对孵化器的补贴金额为

$$S_2^* = \frac{[(1+\beta)R_v]^2}{2\mu} + n - \beta R^* \tag{4}$$

将 S_1^*, S_2^* 代入政府的效用函数，可得政府的效用函数为

$$U^* = (1+\alpha+\beta)R^* - \frac{[(1+\alpha)R_e]^2 + [(1+\beta)R_v]^2}{2\mu} - m - n \tag{5}$$

可以看到，在完全信息条件下，政府明确孵化器和孵化企业供给孵化服务要求的收入水平。因此只需要根据孵化组织的投入水平来确定对其补贴的额度。孵化企业和孵化器所获得的外部性补偿都与孵化项目收益有关：孵化企业与孵化器所获得的外部性补偿不能低于自身所要求的最低收入与实际收益之差。事实上，完全信息的条件在现实中难以实现，孵化企业和孵化器很可能隐瞒自己提供孵化服务的成本或夸大自己所孵化创新项目的潜在价值，来获得更多的外部性补偿。

3. 不完全信息下的外部性补偿

在不完全信息条件下，政府很难观测到孵化器和孵化企业的真实投入水平。而作为理性的市场主体，政府可能会面临两种情况：一是孵化企业利用信息的

不对称隐瞒自己的投入等信息；二是孵化器为了获取更多的外部性补偿而选择与孵化企业合谋，隐瞒自己和孵化企业的真实投入以骗取政府更多的补贴，同时获得孵化企业给予的额外费用。因此，在不完全信息条件下，政府必须建立相应的激励机制使孵化企业和孵化器进行有利于政府效用最大化的选择。此时，政府针对可能面临的两种情况，需要制定相应措施解决孵化企业隐瞒自己投入、孵化器和孵化企业合谋这两个问题。

第一，外部性补偿的设计必须使孵化企业无法隐瞒自己的真实投入，那么激励机制应能使孵化企业投入的边际成本等于其边际期望利润。有

$$\frac{\partial R(e,v)}{\partial e} = \frac{dC(e)}{de} \Rightarrow \alpha R_e = \mu e$$

如果孵化器能够严格地监督和审核孵化企业的努力程度，那么政府可以观测到孵化企业的真实投入水平，只有企业投入满足 $e^* = \frac{\alpha R_e}{\mu}$ 时，政府才对孵化企业进行补贴。

第二，在不完全信息条件下，孵化器存在和孵化企业合谋的动机。如果孵化器切实履行自身责任，对孵化企业的投入进行监督和审核，那么将无法获取额外收益；如果孵化器和孵化企业合谋，在获取政府补贴后，孵化企业将自身补贴的一部分给予孵化器作为额外收益，即孵化器的额外收益表示为 γS_1（$0 < \gamma < 1$），孵化器此时的总收入变为 $n + \gamma S_1$。为了约束孵化器和孵化企业的合谋行为，政府对孵化器的补贴要大于孵化器自身要求的最低收入与合谋的额外收益之和。

此时的政府决策为

$$\max U = R - S_1 - S_2$$
$$\text{s.t.} \quad \alpha R + S_1 - \frac{1}{2}\mu e^2 \geq m$$
$$\beta R + S_2 - \frac{1}{2}\mu v^2 \geq n + \gamma S_1$$
$$\alpha R_e - \mu e = 0$$

同理用拉格朗日法求解可得孵化企业和孵化器的投入水平分别为

$$e = \frac{\alpha R_e}{\mu} \tag{6}$$

$$v = \frac{(1+\beta) R_v}{\mu} \tag{7}$$

比较式（6）与式（1）可以看出 $\frac{\alpha R_e}{\mu} < \frac{(1+\alpha) R_e}{\mu}$，也就是说在不完全信

下孵化企业的投入水平有所降低。将式（6）、式（7）代入约束条件，可得孵化企业和孵化器的补贴金额分别为

$$S_1 = \frac{(\alpha R_e)^2}{2\mu} + m - \alpha R \tag{8}$$

$$S_2 = \frac{[(1+\beta)R_v]^2 + \gamma(\alpha R_e)^2}{2\mu} + n + \gamma m - (\alpha\gamma + \beta)R \tag{9}$$

将 e, v, S_1, S_2 代入得政府的效用函：

$$U = [1 + (1+\gamma)\alpha + \beta]R - \frac{[(1+\beta)R_v]^2 + (1+\gamma)(\alpha R_e)^2}{2\mu} - (1+\gamma)m - n \tag{10}$$

5.1.2 不同条件下补偿策略的比较

1. 孵化企业的情况

从式（1）和式（6）可以看出，不完全信息条件下孵化企业的投入低于完全信息条件下的投入。仔细观察式（3）和式（8）可以看出，当孵化企业的投入水平降低时，政府对其的补贴也会降低。也就是说政府对孵化企业的补贴水平与孵化企业的投入水平呈正相关，其原因可能是在不完全信息条件下，孵化企业有隐瞒自己信息并且降低自己对孵化项目投入的动机。同时政府因为无法观察到孵化企业的真实信息，只能通过孵化项目的收益来判断孵化企业的投入水平。因为孵化项目收益 R 是关于孵化企业投入 e 的单调递增函数，如果孵化企业投入降低，则孵化项目收益降低，政府就会相应减少对孵化企业的补贴。以上分析表明，孵化企业为了最大化自身的收益，必须要付出最大努力来孵化项目。如此才能获取政府对孵化项目外部性的补偿。

2. 孵化器的情况

仔细观察式（9）和式（4）可以看出，在不完全信息条件下，孵化器所获得的补贴多于完全信息条件下的补贴。原因可能在于信息优势，孵化器掌握孵化企业和孵化项目等的详细信息。在不完全信息条件下，政府为了防止孵化器与孵化企业合谋，不得不付出额外成本来补贴孵化器。也就是说，政府对孵化器的激励要大于孵化器从与孵化企业合谋中获取的额外收益。多付出的补贴成本会使政府的效用水平降低。

5.1.3 政府作为外部性补偿者的实现途径

通过理论分析我们可以看出，政府在不完全信息下将面临孵化企业和孵化器的道德风险。为了有效补偿提供孵化服务的市场主体，同时促进孵化服务外

部性的最大化，政府外部性的有效补偿需要相应的监管机制。

（1）对孵化企业的监管。在不完全信息条件下，孵化企业可能会降低自己的投入水平，导致孵化服务的质量降低，从而减少孵化项目的社会收益。因此政府对于入驻孵化器的初创企业，必须要建立筛选淘汰机制，对孵化企业的技术水平、创新潜力、技术产品的市场前景等详细信息进行全面评估①。在初创企业入驻初期，要严格审核企业自己的发展规划和企业管理者的信用记录，以挑选创业目标明确、规划思路清晰、信用水平良好的初创企业；在初创企业接受孵化开始运行时，要制定分阶段的考核指标来评估企业孵化项目的研发、运营等情况，做到及时反馈，随时监管孵化项目的质量；委托第三方评价考核组织，定期对孵化企业的情况进行考核评估，利用考核评估的信息建立企业信用信息库，并定期进行更新，保证信息的及时有效。做到有效的事前、事中和事后监管，并将重点放在事前监管方面，以减少孵化企业因道德风险所造成的损失。

（2）对孵化器的监管。理论分析表明，由于孵化器自身的信息优势，可能采取与孵化企业合谋的方式获取额外补贴，政府为此将付出额外成本。孵化器的收入主要包括孵化企业孵化项目的收益和无风险收入（如政府补贴），一方面，政府通过对孵化企业的严格审核来保证孵化企业的良好信用水平，使孵化企业选择积极投入孵化项目，而放弃与孵化器合谋；将孵化器收益与孵化项目收益捆绑起来，令孵化器更专注于投入孵化项目，提高孵化项目的成功率。另一方面，政府需要通过引入第三方信用评级机构，比如科技企业孵化器协会，来对孵化器进行公平公正的信用、能力等方面的评级和打分，打破孵化器的信息垄断。通过构建科学合理的评价指标体系，根据孵化器的信用度和能力水平来制定不同的补偿制度。比如对信用评分不高的孵化器可以给予更高比例的事前补贴，以提高孵化器和孵化企业的孵化服务质量；对信用评分高的孵化器则只给予事后补贴，只有在孵化项目成功带来一定的社会收益后才对孵化器的投入进行补偿。

5.2 投资风险共担者

孵化服务市场失灵的另一个重要原因是信息不完全导致的投资风险，这种风险只靠生产者自身无法解决。由于对孵化企业投资存在巨大风险，且这种风险市场组织自身难以承受。因此，为了弥补市场失灵、解决投资风险问题，政

---

① 赵黎明，刘书英，卢珊. 基于新规制经济学的孵化器与创业企业补贴机制 [J]. 河北大学学报（哲学社会科学版），2014，39（1）：110–114.

府还需要承担与孵化组织共担风险的角色。通过政府承担一部分的投资风险，可以激励投融资服务的有效生产。

下面将通过构造孵化企业的生产函数，来分析政府承担风险对投资机构投资策略的影响。

5.2.1 投资策略分析

1. 假设条件

为了便于分析，提出以下假设条件。

假设1：市场存在四个主体，即政府、孵化器、孵化企业、投资机构。孵化企业入驻孵化器产出一项孵化项目。其中投资机构为孵化企业提供投融资服务，孵化器为孵化企业提供其他服务。

假设2：孵化企业项目的产出收益与投资机构的投入资金i、孵化企业的努力程度e、孵化器的努力程度v有关。以R表示孵化项目产出收益，有$R=R(i,e,v)$。为了简化分析，将收益函数表示为柯布·道格拉斯函数形式，有

$$R(i,e,v) = i^a e^b v^c, 0<a,b,c<1, a+b+c=1$$

收益函数为单调递增，且对i，e，v边际报酬递减，有$R'>0$，$R''<0$。

假设3：孵化企业获取项目产出收益的比例为s（$0<s<1$），投资机构投入资金获取产出收益的比例为$1-s$。

假设4：孵化项目产出收益上缴税收的比例为t（$0<t<1$），孵化器的收益为向孵化企业项目提供其他服务的费用n与地方财政对孵化器的税收返还之和，返还比例为l（$0<l<1$）。

假设5：投资机构获得的收益为预期产出收益与投入资金所需放弃的机会收益之差。以δ表示无风险报酬率，则投资机构的预期收益为

$$\pi_{vc} = (1-t)(1-s)R - (1+\delta)i$$

假设6：以C表示孵化企业和孵化器的成本函数，成本函数与它们的努力程度有关，有

$$C(e) = \mu e^2/2, \quad C(v) = \mu v^2/2, \quad \mu > 0$$

μ表示成本系数，成本函数是边际递增的，则孵化企业和孵化器的预期收益分别为

$$\pi_{en} = S(1-t)R - \mu e^2/2$$
$$\pi_{in} = n + tlR - \mu v^2/2$$

2. 无政府干预时的最优投资决策

现在假设政府对投资机构和孵化企业项目无任何帮助措施。孵化企业、孵

化器和投资机构等市场主体根据预期收益最大化的原则进行自己对孵化项目投入的最优决策。那么孵化企业、孵化器和投资机构的利润最大化条件分别为

$$s(1-t)\frac{\partial R}{\partial e} = \mu e \qquad (11)$$

$$tl\frac{\partial R}{\partial v} = \mu v \qquad (12)$$

$$(1-t)(1-s)\frac{\partial R}{\partial i} = 1+\delta \qquad (13)$$

为了便于分析投资机构的投资决策，以 e_0 表示符合式（11）孵化企业利润最大化条件的努力水平，以 v_0 表示符合式（12）孵化器利润最大化条件时的努力水平。将 e_0，v_0 代入式（13）得

$$\alpha(1-t)(1-s)i^{\alpha-1}e_0^b v_0^c = 1+\delta$$

移项求解可得投资机构满足利润最大化条件时的最优投资策略为

$$i^* = (1+\delta)^{\frac{1}{\alpha-1}} e_0^{\frac{b}{1-\alpha}} v_0^{\frac{c}{1-\alpha}} [\alpha(1-t)(1-s)]^{\frac{1}{1-\alpha}} \qquad (14)$$

3. 有政府干预时的最优投资决策

现在假设政府为了促进孵化服务的更有效供给，担任投资风险共担者的角色。

假设7：政府投资风险共担者的角色表现为承担投资机构投入资金的一部分，承担比例表示为 σ（$0<\sigma<1$）。其他假设条件不变，则此时投资机构的预期收益为

$$\pi_{vc}^* = (1-t)(1-s)R - (1-\sigma)(1+\delta)i$$

投资机构利润最大化的条件变为

$$(1-t)(1-s)\frac{\partial R}{\partial i} = (1+\delta)(1-\sigma) \qquad (15)$$

孵化企业和孵化器的利润最大化条件不变，则其最优策略不变，将 e_0，v_0 代入式（15）得

$$\alpha(1-t)(1-s)i^{\alpha-1}e_0^b v_0^c = (1+\delta)(1-\sigma)$$

移项整理得

$$i^{\alpha-1} = [(1+\delta)(1-\sigma)][\alpha(1-t)(1-s)e_0^b v_0^c]^{-1}$$

求解可得在政府干预后的投资机构满足利润最大化条件时的最优投资策略为

$$i^{**} = e_0^{\frac{b}{1-\alpha}} v_0^{\frac{c}{1-\alpha}} [(1+\delta)(1-\sigma)]^{\frac{1}{\alpha-1}} [\alpha(1-t)(1-s)]^{\frac{1}{1-\alpha}} \qquad (16)$$

5.2.2 不同条件下最优投资策略的比较

现在已经知道无政府干预和有政府干预时投资机构的最优投资策略，来分

析两种条件下最优投资策略之间的关系。以 i^* 比 i^{**} 可得

$$\frac{i^*}{i^{**}} = \frac{(1+\delta)^{\frac{1}{\alpha-1}}e_0^{\frac{b}{1-\alpha}}v_0^{\frac{c}{1-\alpha}}[\alpha(1-t)(1-s)]^{\frac{1}{1-\alpha}}}{e_0^{\frac{b}{1-\alpha}}v_0^{\frac{c}{1-\alpha}}[(1+\delta)(1-\sigma)]^{\frac{1}{\alpha-1}}[\alpha(1-t)(1-s)]^{\frac{1}{1-\alpha}}}$$

$$= \frac{1}{(1-\delta)^{\frac{1}{\alpha-1}}}$$

$$= (1-\sigma)^{\frac{1}{1-\alpha}}$$

根据假设条件可知，$0<\alpha<1$，则 $\frac{1}{1-\alpha}>0$；且 $0<\sigma<1$，则 $0<1-\sigma<1$。所以 $(1-\sigma)^{\frac{1}{1-\alpha}}<1$，即 $\frac{i^*}{i^{**}}<1$，故 $i^*<i^{**}$。这说明政府对投资机构的风险共担可以有效地增加投资机构对孵化项目的投资。

同时，孵化项目的产出收益函数为单调递增的，因为 $i^*<i^{**}$，则 R^*（i^*，e_0，v_0）$<R^{**}$（i^{**}，e_0，v_0）。可以看到政府对投资机构的风险共担不仅可以增加投资机构对孵化项目的投资，而且进一步增加了孵化项目的收益。

综上所述，政府通过承担一部分对孵化项目的投资，来与投资机构的投融资服务共担风险，这种干预形式可以有效地刺激投资机构对孵化项目投入更多的资金，供给更高质量的投融资服务。孵化服务质量的提高增加了孵化项目的产出收益，从而提高了孵化企业、孵化器和投资机构各个市场主体的收入水平。因此，政府投资风险共担者的角色定位是有效的，对于促进投资机构的孵化服务供给和各个孵化组织之间的优势互补具有重要意义。

5.2.3　政府作为风险共担者的实现途径

政府作为风险共担者的实现途径主要分为以下三个方面。

（1）财政返还机制。财政返还是一种针对初创企业的风险共担方式，它在本质上讲与上一节所论述的外部性补偿相似，都属于以资金补贴的方式来补偿孵化组织可能承担的损失。财政返还的一种有效形式就是税收返还。孵化企业或者孵化项目获取收益的税收可以代表孵化企业对社会的贡献，同时在某种程度上讲可以反映初创企业的运营能力。政府对初创企业孵化成功项目上缴的税款进行部分返还，不仅可以缓解初创企业的资金压力，还可以对运营良好的初创企业产生激励，促进企业更好成长，从长远角度看来同样可以增加政府的财政收入[①]。税收返还的具体标准可以基于初创企业当年缴纳的税额、累计已经缴

---

① 卢珊，赵黎明. 政府税收和补贴政策对孵化器与创投合作行为影响研究［J］. 中国软科学，2011，25 (11)：69-72.

纳的税额和初创企业的业绩等指标，同时还要考虑当地政府具体的财政收入情况。

由于信息不对称等原因，地方政府的财政返还可能会被机会主义者钻空子。为了减少财政返还过程中的机会主义行为，提高返还效率和有效性，政府必须对申报财政返还的初创企业进行严格的审查和评估。通过构建相关详细指标体系，对申报企业的经营状况进行审核；在孵化项目成功后的项目验收环节明确相关责任主体，建立责任追究制度和处罚制度。通过引入相关的信用评级制，对采取手段骗取财政返还的市场主体，不仅进行处罚并取消其返还资格，并且将其详细信息记入诚信档案，增加机会主义成本以规避此类行为；同时对孵化项目的申报、审批和验收等环节的相关责任主体进行追责。

（2）捆绑投资机制。捆绑投资是一种主要面向投资机构的风险共担方式。政府与投资机构的捆绑投资可以采取不同的灵活方式，除了由政府自己出资进行捆绑投资外，还可以通过各种新型资金使用方式如科技专项资金、科技成果产业化基金等与投资机构进行捆绑投资。在投资过程中，通过初创企业项目成功带来的巨大收益形成示范效应，吸引更多的社会资本加入。实现以财政资金引导的方式带动风险投资、创业投资、信贷保险等不同社会资本力量加入①。政府资本可以在初创企业和项目成功后退出，继续支持其他的初创企业并引领形成新一轮的政府资本和社会资本联动示范效应。而孵化项目成功带来的资本增值部分则可以用来支持其他初创企业和项目、返还给孵化器和投资机构等。

捆绑投资的优势在于利益共享、风险共担，对信息弱势方较为有利。政府可以委托科技企业孵化器或投资机构对初创企业和项目进行详细筛选和调查，以节省信息成本，并以股权或债权等形式加入投资机构对初创企业投资，在初创企业和项目成功后得以保值增值，这样的方式不仅可以实现与投资机构等的风险共担，对其产生激励，为初创企业提供更多的投融资服务，同时可以使政府资金不断发展壮大，是一种多方共赢的方式。

（3）优化政策环境。构建有利于投资机构发展的外部环境，不仅可以促进投资机构的发展壮大，同时更促进了孵化器和孵化企业的发展。首先通过营造相对宽松的政策环境，发展多元化的融资体系，鼓励金融机构进行金融产品和服务方式等的创新，提高投融资效率②。其次建立科技机构和金融机构之间的会商联动机制，不论是官方组织还是民间组织，促进科技和金融之间的沟通交流和协调。再次是完善科技金融的信息网络，利用线上线下多种方式降低科技和

---

① 邓飞. 政府创业投资引导基金发展的问题与对策研究 [D]. 中国财政科学研究院, 2017.
② 鲍英善, 朱方伟. 强化我国创业投资金融支持的对策研究 [J]. 经济纵横, 2017 (9): 69-74.

金融的对接成本。最后,通过构建相关科技金融信贷指标体系和统计数据库,为科技和金融结合提供数据支撑。同时也可实现对孵化组织的各项投融资活动进行有效监管,定期对市场资金进行综合评价和总结,降低投资风险。

以上的各种风险共担机制虽然各有侧重点,但实际实施过程中需要互相融合、共同发挥作用。如此政府的风险共担者角色才能发挥出应有的作用。

5.3 孵化服务网络合作的保障者

孵化服务的合作失灵主要是孵化服务网络成员的机会主义行为难以监督惩罚导致,为了能够促进孵化服务网络内的合作、弥补合作失灵,政府需要干预孵化服务网络成员间的合作,通过激励、监管、惩罚等措施来承担孵化服务网络合作的保障者。

5.3.1 网络成员合作博弈分析

1. 假设条件

考虑一个简单的孵化服务网络成员合作博弈模型,提出以下假设条件。

假设1:孵化服务网络中有两位成员 i 和 j,两位成员合作生产孵化服务,每个成员都拥有 a 单位的资源,$a > 0$。成员有两种选择:合作和背叛。合作表示将持有 a 单位资源投入生产孵化服务,背叛表示不投入资源。

假设2:孵化过程持续 $t = 2$ 两期,存在两期回报。t_1 期的回报为 R_1,风险回报系数为 β_1;t_2 期的回报为 R_2,风险回报系数为 β_2。且 $0 < R_1 < R_2$。网络成员只能在 t_1 期投入资源。

假设3:在 t_1 期网络成员不掌握对方的有关信息。

2. 无政府干预时的网络成员合作

在没有政府作为网络的第三方力量时,t_1 期网络成员合作的博弈收益结构如表3-1所示。

表3-1 t_1 期网络成员博弈收益结构

		网络成员 i	
		合作	背叛
网络成员 j	合作	$\beta_1 R_1 - a$, $\beta_1 R_1 - a$	$\beta_1 R_1 - a$, $\beta_1 R_1$
	背叛	$\beta_1 R_1$, $\beta_1 R_1 - a$	$\beta_1 R_1$, $\beta_1 R_1$

采用划线法对收益结构进行分析,可以看到在没有第三方监督力量的情况下,由于 $\beta_1 R_1 - a < \beta_1 R_1$,两位网络成员的最优策略是(背叛,背叛)。此时孵化服务网络的合作将难以维持,孵化服务的合作生产失败。

3. 有政府干预时的网络成员合作

根据前文分析,由于网络成员之间地位平等,网络成员自身不具备惩罚其他成员的实力,造成孵化服务网络合作治理存在监督惩罚困境。此时,引入政府力量作为孵化服务网络的第三方,并假设政府的干预方式是惩罚机会主义行为。

假设4:在 t_1 期结束后,网络成员的行为的信息能够被观察到,政府根据 t_1 期网络成员是否投入自身资源来判断网络成员的合作行为,并对背叛合作者处以 b 单位的惩罚,且背叛者 t_2 期的回报只能保留一部分,保留比例为 δ。并有 $0 < c < b$,$0 < \delta < 1$。

引入第三方监督力量后,t_2 期网络成员合作的博弈收益结构如表3-2所示。

表3-2　t_2 期网络成员博弈收益结构

		网络成员 i	
		t_1 期合作	t_1 期背叛
网络成员 j	t_1 期合作	$\beta_2 R_2$,$\beta_2 R_2$	$\beta_2 R_2$,$\delta \beta_2 R_2 - b$
	t_1 期背叛	$\delta \beta_2 R_2 - b$,$\beta_2 R_2$	$\delta \beta_2 R_2 - b$,$\delta \beta_2 R_2 - b$

根据 t_1 期和 t_2 期的网络成员博弈收益结构,可以得到两期内网络成员的总收益结构,如表3-3所示。

表3-3　两期合作下的网络成员博弈收益结构

		网络成员 i	
		合作	背叛
网络成员 j	合作	$\beta_1 R_1 - a + \beta_2 R_2$,$\beta_1 R_1 - a + \beta_2 R_2$	$\beta_1 R_1 - a + \beta_2 R_2$,$\beta_1 R_1 - b + \delta \beta_2 R_2$
	背叛	$\beta_1 R_1 - b + \delta \beta_2 R_2$,$\beta_1 R_1 - a + \beta_2 R_2$	$\beta_1 R_1 - b + \delta \beta_2 R_2$,$\beta_1 R_1 - b + \delta \beta_2 R_2$

5.3.2　不同条件下网络成员的行为选择

(1) 在没有政府干预的情况下,网络成员在 t_1 期均会选择背叛,此时孵化服务网络的合作已经失败,所谓的孵化项目成功的收益也将不复存在。

（2）在政府对孵化服务网络进行干预的情况下，由政府对机会主义者进行惩罚。在 t_2 期，因为政府的惩罚措施，有 $\delta\alpha_2 R_2 - b < \beta_2 R_2$。为了获取更高的收益，对于网络成员 i 而言，在 t_1 期，不论网络成员 j 采取背叛还是合作行为，其都会真诚合作；对于网络成员 j 而言，在 t_1 期，不论网络成员 i 采取背叛还是合作行为，其也会只采取合作行为。由于存在两期的收益，为使总收益最大化，网络成员的最优策略选择为（合作，合作）。

综上，可以看出政府作为孵化服务网络之外的第三方力量，对孵化服务网络成员的合作进行监督，并对机会主义行为实施惩罚，能够有效地保障孵化服务网络内的合作，弥补孵化服务生产的合作失灵。

5.3.3 政府作为合作保障者的实现途径

政府担任合作保障者，首先要明确合作的规则，其次通过激励机制的设计来促进网络成员间的合作，最后也需要相应的监督和惩罚机制来对机会主义者进行惩罚，以维护合作秩序。

（1）制定合作规则。由于政府的特殊地位，其制定的相关规则制度要比科技企业孵化器或者孵化服务网络内其他组织制定的规则更有约束力。政府可以通过制定相关政策、法规等来引导孵化服务网络的构建和运行。在孵化服务网络成立初期，不同的孵化组织之间不够熟悉、缺乏信任，合作可能难以开展；在孵化服务网络运行时，存在部分网络成员的机会主义、背叛合作等行为。网络内规则的制定必须做到规范孵化服务网络成员的行为、有效促进孵化服务网络成员之间的合作。具体做法：建立并完善科技创新创业人员的流动机制，促进一定区域内部人才之间的流动，流动越频繁，基于声誉的考虑，可以有效抑制网络成员的机会主义行为；制定科学合理的利益分配机制，保障孵化服务提供者之间的利益共享、风险共担，将各个网络成员牢牢绑在一起，不仅可以有效促进孵化组织间的合作，而且可以保证孵化服务网络产出收益的公平分配，对网络成员产生有效的激励作用。

（2）协调网络成员之间的利益。孵化服务合作失灵的重要原因之一是孵化项目收益的不确定，对于任何一个网络成员而言，其没有实力和能力保证孵化项目一定成功，此时需要政府设计激励制度来促进网络成员间的合作，并通过激励机制来协调网络成员的利益。这种激励包括几个方面：一是经济方面的激励，主要表现为财政补贴、税收返还等资金支持，政府运用经济手段可以帮助孵化服务网络度过最艰难的初始阶段，当网络合作产出一定的收益时，各个网络成员会调整自己的收益预期，对孵化服务的生产投入更多资源；二是非经济方面的激励，主要表现为声誉、授予荣誉等社会资本式的激励。网络成员作为一种"社会人"，并不只是在乎自己的经济利益，其同样也会关注自己的社会地位、在市场中的声誉等①，这种社会情感方式的激励同样也能够产生积极作用。

（3）监督惩罚机制。政府只对网络成员进行激励还不够，孵化服务合作生产难以避免机会主义行为。因此政府还需要设计监督惩罚机制。

第一，监督机制。政府作为监督者的方式相比较孵化服务网络内部成员间的互相监督更有威慑力。横向监督的当事人主要是孵化服务网络内部的网络成员，它们之间基本处于同等地位。缺少强势地位的网络成员监督是非正式的，只能作为自发的形式，对其他成员的约束力不强。同时，由于网络成员在某种程度上具有主观性，导致孵化服务网络内部的自我监督效果并不尽人意。相比普通的孵化服务网络成员，政府具有相对公平、处于强势地位等优势，由政府主导的监督行为更加正式，对于普通网络成员来讲更具威慑力和约束力。政府可以成立专门的组织机构对孵化服务网络进行监督，对孵化服务网络内潜在的机会主义行为进行震慑。

第二，惩罚机制。一方面政府可建立并完善孵化行业相关的信息平台和监管机制，定期对信息系统内的孵化组织情况进行更新；建立相关的信用评级和诚信档案，对于监管到的机会主义者，采取惩罚程度分级的策略，从降低信用评级一直到全行业禁入的程度。另一方面，政府可以对监管到的机会主义者进行资金惩罚，比如取消其财政返还、税收返还等优惠政策，提高网络成员破坏合作的违约成本，改变其预期收益结构，使理性的市场主体放弃机会主义行为。

综上所述，政府对合作失败的弥补主要通过制定规则、协调网络成员利益、监督合作行为、惩罚机会主义者等方式。需要注意的是，这些措施不能割裂开而独立存在，而应该是互相结合、融为一体的。比如政府制定的相关孵化服务网络合作制度是其进行第三方监督惩罚的保证，只有完善了相关的法律法规，政府才能够做到依法行政。而另一方面，政府在对孵化服务网络进行第三方监督惩罚的实践，也可以总结出大量的实践经验，并以此对相关的规则制度进行完善和补充。

5.4 制度设计者

政府除了对孵化服务生产失灵进行补偿之外，还需设计相应的制度，主要

---

① 周怀峰，陈晔. 科技企业孵化网络成员的合作基础［J］. 技术与创新管理，2017（2）：159 – 164.

包括对孵化器等市场主体的激励机制和对孵化服务生产的引导机制。

5.4.1 激励机制

政府的激励机制与前述的外部性补偿、投资风险共担和网络合作保障相融合，主要针对不同的市场主体进行激励。这种激励机制可以分为对孵化企业的激励、对孵化器的激励、对孵化服务网络其他成员的激励。

第一，对孵化企业的激励。这种激励可以分为两个方面：一是支持初创企业的成长。由于技术和市场存在的风险，以及初创企业资金、管理经验等社会资源的缺乏，孵化企业在创立初期往往难以打开市场、无法形成盈利，夭折率比较高。此时需要政府对其进行资金、税收等方面的激励，帮助孵化企业获得创业初期最紧缺的资源。二是对科技成果转化的激励。政府通过采购等方式来支持新技术研究开发，加大对创新的奖励、对研究与开发的投入，促进科学技术成果转化为科技产品。政府通过对科技人员的激励，帮助其创业成功，成功的创业将通过示范效应而带动新的创业，进而带动更多的创业，在整个社会形成良好的促进创业的氛围，形成一种创业文化，极大地促进区域技术创新。

第二，对孵化器的激励。这种激励主要分为三个方面：一是对孵化器建设初期的帮助；二是综合运用财政、税收、产权保护等手段激励各个社会主体参与孵化器建设，增加民营孵化器比重，增强孵化器活力；三是帮助孵化器人才队伍建设。目前孵化器事业的发展缺乏管理运营方面的人才，政府需要帮助加强孵化器管理人才队伍建设，为孵化器发展提供人才支撑。

第三，对孵化服务网络其他成员的激励。孵化服务需要不同市场主体参与，来推动孵化服务的集团化、网络化生产。政府需要通过相关的激励机制来推动相关科研院所、金融机构与中介组织参与到孵化器网络平台建设中来，强化孵化器与科研院所等自主创新主体的紧密合作。通过承担孵化服务网络构建的初始成本的方式，帮助孵化服务网络的形成、壮大，为产学研结合、科学技术成果转化保驾护航。

5.4.2 引导机制

除了激励机制，政府还需要引导孵化服务的发展方向，才能保证孵化服务更满足市场需求。根据前文分析，孵化服务的生产有一定的演化过程，因此政府的引导机制主要分为两个方面。

第一，引导孵化服务生产者的演化。科技企业孵化器的发展趋势是从成立初期的"全能型"逐渐转化为以孵化器为中间节点的孵化服务网络。在这个过程中，孵化器应向专业化方向发展，这主要表现为孵化器需要根据服务对象的不同而发展为不同专业类型的孵化器。孵化器专业化之后建立起的孵化服务网络也具有高度专业化的特征，比如重点培育生物医药行业的孵化器，以自身为核心建立的孵化服务网络成员主要是在生物技术方面较为领先的科研院所，高度专业化的孵化服务网络生产的孵化服务更有针对性，可以同时孵化一批生物医药类的高新科技企业，形成产业集群和规模经济效应，不仅可以节省大量资源，也可以降低孵化成本和孵化风险。

第二，引导孵化服务生产方式的演化。与生产者的演化相联系，经济社会发展的趋势要求全能型孵化器的转型，不仅要向专业化方向发展，孵化服务的生产也应由"单打独斗"方式转化为"协同作战"。专业化的孵化服务要求集团化的生产方式，才能做到资源共享、优势互补。政府帮助孵化器构建包含不同成员的网络，使孵化服务的生产方式向多元外包方向发展，网络化、集团化生产才能使孵化服务内容更加丰富、质量更高、更能满足孵化企业的要求。

5.5 政府干预应注意的问题

政府要保证自身角色的有效发挥，在干预孵化服务的过程中需要注意两个问题：第一是规避可能存在的政府失灵，第二是要注意干预的"度"。政府不能直接提供孵化服务，孵化器等孵化组织必须市场化运作。

5.5.1 可能的政府失灵

除了孵化服务的生产失灵，政府在干预孵化服务生产时也可能失败，即政府失灵。这种失败主要表现为三个方面：一是政府干预的效果没有达到预期，虽然政府介入了孵化服务的生产过程，但并没有解决外部性、投资风险等问题；二是虽然政府干预的效果达到了预期，但付出的成本过高或者干预效率低下，这种情况使得政府干预行为浪费了大量资源；三是政府干预的效果达到了预期，干预成本也控制在合理范围内，但却造成了其他的负面效果，比如对某一家孵化服务生产者的补偿破坏了市场公平竞争等。

政府失灵的原因主要包括几个方面：第一是信息的不完全或者不对称，这种不对称信息容易导致委托代理机制失效。比如政府通过对孵化器进行补贴，以补偿孵化服务的外部性，促使孵化器生产更优质的孵化服务。此时政府是委托人，孵化器是代理人，但由于不完全信息，政府难以观测到孵化器的行为或者努力程度，孵化企业可能会隐瞒自己的投入，也可能选择与孵化企业合谋，隐瞒自己和孵化企业的真实投入以骗取政府更多的补贴，同时获得孵化企业给予的额外费用。委托代理机制的失效会造成政府干预的失败。第二是政府有限理性与不完全信息相联系，政府的官员并非全知全能，他们作出的决策也是基于对现有经济活动的判断，可能存在一定的盲目性。此外，政策的执行也并非立即有效，存在一定时间的滞后。这种有限理性可能会导致政府对孵化服务干预的失败。第三是可能存在的寻租行为。政府对孵化服务外部性的补偿、共担投资风险等措施都可能为政府官员的寻租创造条件。寻租会导致政府决策与社会普遍利益不完全一致的风险①，严重破坏市场公平竞争环境，这样即使政府成功地促进了孵化服务生产，也会造成其他严重的负面影响。

5.5.2 政府不能过度干预

虽然孵化服务的生产存在一定问题，需要政府出手弥补生产失灵，但这并不意味着政府可以替代市场。政府只是解决困扰孵化服务生产不足的问题，不能代替孵化组织自己来生产孵化服务。政府不能过度干预包括以下几个方面的含义。

第一，科技企业孵化器的发展离不开政府的支持。为弥补孵化服务的生产失灵，政府这一角色是不可或缺的。

第二，政府对孵化器发展的帮助必须坚持适度原则。在干预科技企业孵化服务的生产时，要明白自己只是帮助解决孵化组织自主生产时遇到的问题，只是弥补孵化服务生产的市场失灵和合作失灵。政府不能自己直接提供孵化服务，不能取代市场，不能代替孵化器等市场组织本身。

第三，科技企业孵化器须市场化运作。以利润最大化为目标、市场化方式运营是孵化器发展的趋势和方向②。

---

①丹尼斯·C. 缪勒. 公共选择理论 [M]. 北京：中国社会科学出版社，1999.
②周怀峰. 政府支持、市场化运作科技企业孵化器 [J]. 广东科技，2015（2）：74-78.

6 广东各级政府在孵化服务供给体系中的角色

广东省的科技企业孵化器建设处于国内前列。本章以广东省为例，详细梳理广东省在党的十八大之后制定的促进孵化服务供给和孵化器建设的具体政策措施，具体分析广东各级政府在孵化服务供给中的行为模式和角色定位。

6.1 外部性补偿者的实践

理论分析表明，对孵化服务外部性的补偿，首先是通过补贴、界定产权等方式，其次必须制定监管措施以规避信息不对称导致的机会主义行为。

6.1.1 后补助政策

后补助方式主要是为了规避信息不对称，可以有效提高对孵化服务外部性的补偿效率。在省级层次，2015年广东省科技厅、财政厅出台《关于科技企业孵化器后补助试行办法》，针对孵化器后补助制定相关措施。具体补助实施办法可以分为几个部分：第一，补助主体由省市财政共同承担，孵化器在获得本市政府相关补助后，仍可以申请省财政按不超过市级补助额50%的标准进行补助。第二，公布具体孵化器运营评价指标体系，接受孵化器自愿申请，委托第三方机构对孵化器的申报材料进行审核，并组织相关专家客观评价孵化器的运营绩效，以定量评价为主，同时考虑总量和比值相结合。第三，将孵化器运营评价结果分级，按等级给予相应补贴。只有获得一定等级以上才可以获得省财政补助。第四，向社会公示拟补助的孵化器名单，将公示期满无异议的孵化器项目列入年度项目库进行管理；第五，于项目入库的次年拨付后补助资金。

地市级有代表性的如广州市2015年出台的《广州市科技创新委员会 广州市财政局关于广州市科技企业孵化器专项资金管理办法》中指出，对科技企业孵化器发展的专项资金采取后补助的形式，分为补贴类资金和奖励类资金。补贴类资金包括孵化器建设贷款贴息补贴、对孵化企业投资补贴等，奖励类资金包括孵化绩效奖励、孵化器认定级别奖励等。值得强调的是其中对孵化器购买孵化服务补贴,孵化器购买的设计、开发、装备制造、检验检测和标准化等技术服务以及工商、法律、财税、金融、知识产权等服务的,按照孵化器实际支付服务费用的50%给予补贴,每个孵化器年度补贴额最高不超过100万元。广州市关于孵化服务购买的补贴政策促进了孵化服务的有效供给。

广东省采取孵化器自主申请的后补助方式,既可以有效地对孵化组织提供孵化服务的外部性进行补偿,又可以在一定程度上规避因信息不对称带来的机会主义行为。

6.1.2 加强产权保护

(1) 表现为加强知识产权的保护。广东省政府在《关于大力推进大众创业万众创新的实施意见》中强调要加强保护产权,尤其是知识产权。并提出指导意见,主要包括:一是通过提供公共服务以支持知识产权的交易、运营等行为;二是打击侵犯知识产权、破坏市场竞争的行为;三是帮助产权所有者维权,建设跨地区、跨行业的服务体系,提高知识产权授权、确权和维权的效率;四是建立巡回审判的机制,在不同地区巡回工作,将涉及知识产权的行政、民事和刑事等案件合并审理,提高工作效率;五是加强网络型知识产权的保护,加大网络型知识产权的执法力度,推动建立网络类型知识产权的保护机制。

通过对知识产权的保护,有利于对孵化服务的正外部性进行补偿,为技术型初创企业和孵化服务生产者提供正向激励。

(2) 表现为对孵化器项目建设用地的管理、产权分割措施。第一,保障孵化器的项目用地。如中山市在2015年出台文件《科技企业孵化器项目用地管理暂行办法》中规定,在满足整体规划前提下,在全市范围内优先供给一部分用地作为孵化器建设用地。第二,制定产权分割转让政策。广州、佛山等地市均出台关于科技企业孵化器产权分割的管理办法,规定满足一定条件下,孵化器可以进行产权的分割转让,将一部分产权转让给从孵化器毕业的科技型企业。这种用地管理、产权分割的措施在一定程度上解决了孵化器初始建设成本、场地的问题,也帮助解决了孵化成功的科技型企业的办公用地等问题。同时,极大地简化了孵化组织用地审批等程序,为孵化器等组织节约成本。

6.1.3 信用评级机制

在对孵化服务外部性的补偿中,必须要完善对孵化器和孵化企业的监管机制。2013年8月,广东省人民政府出台《关于促进科技和金融结合的实施意见》，随后省科技厅和人民银行广州分行联合制定《关于科技和金融结合促进创新创业的实施方案》提出具体措施。主要做法：第一，建设科技企业信息库和科技金融信息平台；第二，通过广东省中小企业信用信息平台的建设，实现中小微企业信用信息的查询、网上申请贷款等功能，同时还可以在平台上发布融资供需信息；第三，在信息平台建设完成后，加强科技企业信息库和科技金融信息平台等的信息对接，并定时更新省内科技企业的信息；第四，招标引入第三方信用评级机构，并将评级结果在金融机构中推广应用，鼓励和引导各金融机构开发针对不同企业的专属评级产品。广东省通过建立中小科技企业信息库的方式，引入第三方机构对科技企业进行信用评级，将定期更新的科技企业信息及时对接到省级信用信息平台，不仅可以帮助政府根据科技企业的信用决定补助措施，也能有利于金融机构开展针对性的金融服务。

6.2 投资风险共担者的实践

孵化服务市场生产失灵的原因之一是对孵化企业投资的风险，导致金融机构生产投融资服务的动力不足。为了弥补市场失灵，政府必须担任风险共担者的角色，为孵化组织分担投资风险。广东省风险共担者角色主要表现在以下几个方面。

6.2.1 设立创业投资及信贷风险补偿资金

根据《广东省人民政府关于加快科技创新的若干政策意见》，2015 年，省科技厅和财政厅联合出台《关于科技企业孵化器创业投资及信贷风险补偿资金试行细则》，设立财政专项资金，按一定的比例补偿孵化器内创业投资失败项目、对孵化企业首次贷款出现坏账项目产生的风险损失。

这种风险补偿资金的形式，承担了投融资服务生产的部分风险，能够对金融机构等造成激励。主要的实施办法：第一，对支持对象和条件进行严格界定，保证创业投资等机构投资的对象确实是入驻孵化器的中小微科技企业。第二，制定具体的风险补偿标准，对孵化器内创业投资失败项目，省财政专项资金补偿创业投资机构 30% 的投资损失额，当地市财政专项资金补偿创业投资机构 20% 的投资损失额；对孵化企业首次贷款出现的坏账项目，银行分担坏账项目贷款本金损失的 10%，省财政和当地市财政专项资金分别承担坏账项目贷款本金损失的 50% 和 40%。同时可根据当地实际情况设立补偿上限。第三，对专项资金使用情况进行严格的监督和管理。对资金的使用情况进行考核和绩效评价，对与创投机构进行合谋骗取补偿的孵化企业将进行严厉处罚,对在申请和审核信贷风险补偿资金过程中的责任人建立追责制度,以保证风险补偿资金的有效使用。

风险补偿资金并不直接对创业投资等金融机构进行资金补贴,而是用风险补偿资金的方式减少投资机构可能的损失。不仅提高了政府资金的利用效率,同时也可以有效地对投资机构进行激励。广东省对投资风险的补偿在一定程度上解决了投资机构的后顾之忧,极大地激励了投资机构对投融资服务的供给。

6.2.2 捆绑投资机制

2013年广东省政府出台的《广东省人民政府办公厅关于促进科技和金融结合的实施意见》提出了具体指导意见。第一,注重发挥政府资本的引导作用。省、市各级政府大力发展政策性种子基金和战略性新兴产业创业投资基金等,逐步形成省、市联动的创业投资引导基金体系,来引导社会资本加强对科技企业孵化器的金融支持。第二,建立政府科技产业型财政资金和社会资本共同投资科技型企业的机制。通过捆绑投资引导更多的创业投资等社会资本进入广东。加强与国内外知名的创投机构及行业组织合作,建立并健全长效合作机制。通过政府资本的引导,在投资过程中,通过初创企业项目成功带来的巨大收益形成示范效应,吸引更多的社会资本加入。政府资本可以在初创企业和项目成功后退出,继续支持其他的初创企业并引领形成新一轮的政府资本和社会资本联动示范效应。广东省的捆绑投资方式使政府资本与社会资本实现风险共担与利益共享,能有效地激励投资机构的投融资服务。

6.2.3 发展多层次资本市场

完善投资机构的资金退出机制同样可以有效地减少投资风险,实现对投融资服务的风险共担。针对此问题,广东从省到市各级政府均有出台相关文件,如广州、佛山、东莞三市联合出台的《广佛莞促进科技和金融结合试点方案》中提出,要加快场外交易市场建设,依托中国(华南)国际技术产权交易中心,促进技术产权资本化,实现标准化交易模式;广州市出台的《广州市人民政府办公厅关于促进科技、金融与产业融合发展的实施意见》中提出,积极推动科技企业上市和再融资,鼓励已经上市的科技企业通过增发股份、并购重组等方式做大做强。除广州市之外,省内多地政府均提出要加快场外交易市场的发展,推动科技型中小企业在广州股权交易中心挂牌。这一系列措施通过发展多层次资本市场的方式来完善投资机构资本的退出机制,有利于投资机构的资金保值与增值，在资本退出方面减少了投资机构的风险。

广东省的一系列举措包括投资的引导、投资后资本的退出以及资金风险补偿等方面，涵盖了投资机构对初创企业进行投资的全过程，从各个方面都做到了对投资机构投融资服务的风险共担。

6.3 孵化服务网络合作保障者的实践

针对孵化服务生产的合作失灵，理论分析认为政府首先要制定合作规则，其次是需要协调网络成员的利益，最后还需要利用监督惩罚机制来维持合作秩序。

6.3.1 制定合作规则

在微观层次上，广东省目前制定的合作规则主要涉及孵化器和投融资机构的合作，比如 2014 年广东省人民政府办公厅《关于促进科技和金融结合的实施意见》、2015 年广东省科技厅和人民银行广州分行《关于科技和金融结合促进创新创业的实施方案》等文件。关于孵化服务网络中孵化器与其他成员合作，比如大学和科研院所、中介机构等的合作，只零星分布于纲领性质的文件里，还缺乏具体的实施措施，这可能是广东省未来政策制定的一个改进方向。

在宏观层次上，广东省主要通过制定相关的政策法规，创造良好的外部环境，包括促进公平竞争的市场环境、利于创业企业发展的政策环境等。比如 2016 年广东省政府《关于大力推进大众创业万众创新的实施意见》中指出要打破地方保护主义等破坏公平竞争的行为，通过反垄断执法等方式整治不正当竞争行为等。广东省的相关政策为孵化服务网络的合作提供一定的环境基础和制度基础。

6.3.2 引导孵化服务网络成员的合作

广东省对孵化服务网络成员利益的协调主要表现为引导孵化服务网络成员如金融机构、科技企业孵化器、行业协会等之间的合作。

1. 对金融机构的引导

第一，创新信贷工具。广东省各级政府针对金融创新出台多份文件，主要内容可以总结为两方面，一是鼓励金融机构创新贷款模式，引导商业银行和非银行类金融机构创新信贷工具，开展股权、专利权、商标权和版权等担保贷款业务；二是引导金融机构创新推广知识产权质押、产业链融资、融资租赁等新型融资产品，鼓励金融机构提高对科技型中小企业贷款不良率的容忍度。

第二，发展科技保险。2015年广东省科技厅、广东省人民政府金融工作办公室和中国保监会广东监管局联合出台《关于发展科技保险，支持科技创新的意见》指出，鼓励有条件的地市如广州、佛山、东莞等大力发展科技保险，支持保险公司创新科技保险服务体系，逐步简化科技保险审批流程；有条件的公司可以根据市场需求研发新的科技保险品种，减少科技企业孵化器内孵化企业的风险损失，支持孵化企业实现稳健经营。政府根据实际制定科技保险保费补贴等政策来对科技保险的发展进行引导。

第三，引导社会资本。这一功能与投资风险共担者方面的论述类似，在此不做赘述。

2. 对科技企业孵化器和孵化企业的引导

第一，引导和支持孵化器服务能力的提升。如2014年广州市政府办公厅《关于促进科技企业孵化器发展的实施意见》中指出要支持孵化器服务能力的提升，鼓励孵化器建立和完善服务体系。针对孵化器为孵化企业提供的各项技术服务及工商、法律、财税、金融等服务，可以申请孵化专项资金补助。

第二，引导孵化企业利用多种手段进行融资。针对孵化企业成长所需的投融资服务，鼓励其利用债券市场等方式进行融资，采取政府风险缓释基金、债券贴息等方式支持发行科技型中小企业私募债。

3. 发挥行业协会等民间组织的协调引导作用

这方面有代表性的是广州市，广州市政府出台文件指出要引导和支持孵化器行业协会和有关协会团体的发展，使孵化器协会成为孵化器间交流的纽带，带动不同孵化器间的合作和良性竞争，促进各孵化器间共享资源，推动形成全市统一的创新创业公共服务网络。有关的政务服务可以按有关规定委托孵化器行业协会提供。对孵化器协会等行业协会的引导和支持，可以有效促进政策服务的供给。提高政府政策的传达、实施等效率，孵化器协会作为孵化器和政府之间的桥梁纽带，能够充分传达各方信息，帮助政府服务型职能的发挥。

6.3.3 担任第三方监督惩罚力量

为了保障孵化服务合作生产的有效进行，政府需要制定相关的规则，并作为孵化服务网络成员之外的第三方监督惩罚力量来促进合作。

监督方面表现为健全市场监管体制，以保证第三方监督惩罚的有效性。比如广东省将初创企业等市场主体信用与市场准入、享受优惠政策等挂钩，通过建设科技企业信息库、科技金融信息平台等，引入第三方机构对科技企业进行信用评级，将定期更新的科技企业信息及时对接到省、市两级的信用信息平台，充分利用大数据和信用评价等手段加强监督检查、处置违法违规行为，以有效实现对各类孵化组织的监督。

惩罚方面表现为对孵化器等孵化组织的绩效进行考核，对于不合格者采取惩罚措施。如2016年广州市科技创新委员会出台的《关于广州市科技企业孵化器管理办法》中规定，市科技主管部门对纳入登记范围的孵化器实行年度绩效评价、统计和动态管理，对于连续两年绩效评价得分60分以下或不参加绩效评价的孵化器，取消其孵化器登记资格，已获得市级认定的孵化器同时取消市级认定资格。这种惩罚措施能够对孵化器产生威慑，促使其放弃机会主义行为。目前广东省对孵化服务网络其他成员的惩罚措施还较少，为了促进孵化服务网络的合作，这可能是今后政策改进的一个方向。

6.4 制度设计者的实践

6.4.1 激励机制的设计

广东省对孵化器等市场主体的激励机制主要表现为对孵化器发展的财政税收支持、对初创中小企业的采购支持、对第三方孵化服务组织的支持等方面。

第一，对孵化器发展的支持。广东省政府在促进"双创"的纲领性文件《关于大力推进大众创业万众创新的实施意见》中指出，在财政支持方面，加大对科技企业孵化器和中小微企业的财政支持，对生产孵化服务的孵化器等组织，直接给予创业孵化补贴；对于政府主导型孵化器内的孵化企业，给予税收减免优惠，具体比例逐年递减。税收优惠方面，对科技企业孵化器、高新技术企业和初创型企业等组织给予税收优惠、研发费用加计扣除等政策；促进落实对科技企业孵化器和从业人员、孵化企业和创业者等的税收优惠政策。同时，加强解读、宣传、公开和规范政府针对孵化器和科技型企业的一系列优惠措施。

第二，对初创型中小企业的采购支持。主要表现为落实促进中小微企业、科技型初创企业等发展的政府采购措施。对于创新类产品和服务约定政府远期购买的制度，并向社会公布远期约定购买清单；同时大力采购创新类的产品和服务，对成功实施产业化的科技型成果，奖励研发的企业等。通过政府的采购支持，来帮助科技型的中小企业度过创业初期的难关，打开市场，形成持久的盈利能力。

第三，对第三方孵化服务组织的支持。比如对于高校和科研院所等机构，鼓励其设立技术转移服务机构，促进技术转移和成果转化等专业技术咨询服务的生产；在各类孵化器或产业园内建设创业服务中心等组织，来丰富服务平台的内容，提高孵化服务质量、提升服务能力。

6.4.2 引导机制的设计

广东省很好地做到了促进孵化服务生产的演进，引导孵化器向专业化方向发展，促进孵化服务的网络化生产。

第一，引导孵化服务生产者的演化，促进孵化器等孵化组织专业化发展。比如2016年广州市科技创新委员会出台的《关于广州市科技企业孵化器管理办法》中指出，支持并鼓励国有、民营资本围绕广州市的重点产业和产业链，建设专业性强、产业集聚度高的专业型孵化器；调动企业、高校、科研院所等社会各力量的积极性，引导多元化投资主体投资建设孵化器，鼓励并支持广州地区高校、科研院所投资建设孵化器。这种激励机制很好地促进了孵化器的专业化进程。

第二，引导孵化服务生产方式的演化。孵化服务生产的趋势是向专业化、网络合作方式发展。早在2012年深圳市科技创新委员会和深圳市财政委员会就联合出台了《深圳市关于促进科技企业孵化载体发展的若干措施》，提出要引导社会资源向孵化载体聚集，支持技术咨询、金融、人才、培训、法律、知识产权和技术标准等服务机构向孵化载体聚集，并为孵化企业提供培训、辅导、咨询、法律、会计、风险投资以及研发、试制、经营场地和共享设施等支持。广州市也出台了相关政策，提出要鼓励构建"苗圃—孵化—加速"一体化的科技创业孵化链条，创新服务模式和内容，推动孵化器专业化、网络化发展。以广深为代表的各级政府，都明白孵化服务集团化、网络化生产的重要性，制定的措施能够引导孵化服务走向正确的发展方向。

6.5 广东省在干预过程中应注意的问题

6.5.1 规避可能的政府失灵

广东省本地政府在干预过程中，采取多种措施防止政府失灵的出现，其主要表现在以下方面。

第一，加强政策宣传，促进政策制定的有效性。比如在税收政策方面，加强对国家和当地的税收优惠政策进行宣传和解读，向社会公开相关税收优惠政策的申请条件、减免条件、管理程序等。

第二，提供政务服务平台，提高政策实施效率。如广州市在市、区两级政务服务中心设置面向孵化器和孵化企业的绿色窗口，提供项目立项、用地、工商登记、租赁合同备案等业务的一站式服务，简化行政审批流程、缩短审批时间。这种措施利于生产高质量的政策服务。

第三，借助孵化器协会等行业协会解决信息不对称问题。引导和支持孵化器行业等协会团体的发展，行业协会调研考察本地孵化器情况，并通过组织行业交流等方式收集企业孵化器及孵化企业的相关信息，了解本行业的发展情况，及时向政府传递本行业的发展情况及存在的问题，协助政府决策，积极为孵化企业的发展争取政策支持。孵化器协会作为孵化器和政府之间的桥梁纽带，能够充分传达各方信息，帮助政府服务型职能的发挥。

广东省的一系列举措在规避政府失灵方面取得了一定的成效，使政府对孵化服务生产的干预取得一定的效果。但由于造成政府失灵的因素众多，广东省在实践中难以面面俱到，因此仍需要更多的举措。

6.5.2　坚持适度干预

前文理论分析认为，科技企业孵化器应市场化运作。虽然孵化器具有公益属性，但孵化器未来发展的趋势是成为以利润最大化为目标的企业，要参与市场竞争，自负盈亏。至于因为公益属性造成的孵化服务生产失灵，则交由政府来帮忙解决。广东省对孵化服务的干预一直坚持适度原则，保证孵化器等组织市场化运行。这主要表现为以下两点：

第一，大力引进社会资本建设孵化器，加大民营孵化器的比重。从省一级政府到广州、深圳等地市级政府，均出台政策支持企业、创业投资或其他社会组织兴办科技企业孵化器。

第二，增强国有孵化器的活力，促进国有孵化器市场化运行、参与市场竞争。比如，广州市人民政府办公厅《关于促进科技企业孵化器发展的实施意见》中指出，要推进国有孵化器改革，创新管理机制。比如支持国有孵化器开展混合所有制改革、简化国有资金对孵化器和孵化企业的投入和退出流程。同时，改进国资行政部门对国有或国资占股的孵化器考核办法，考核体系将以生产孵化服务能力、孵化的绩效等指标为优先评价标准。这些举措都证明，广东省在科技企业孵化器市场化发展中已经先行一步。

6.6 广东省干预孵化服务产品生产之后的绩效

在党的十八大之后,为更加深入贯彻创新驱动发展战略,广东省各级政府定位准确、措施有力,帮助本省的孵化器发展取得巨大成就。事实证明,广东省为促进孵化服务产品生产所出台的政策是有效的。

6.6.1 广东省科技企业孵化器现状

截至2017年6月,广东省已经实现21个地市科技企业孵化器的全覆盖,总数量达到666家,孵化器数量位居国内第一。其中,国家级孵化器83家,民营孵化器数量占比超过70%。全省孵化器孵化企业数量超过2万家,从孵化器中毕业的企业累计数量达1.2万家,其中上市及挂牌的企业数量超过100家[①],全省的科技企业孵化器以及孵化器内的创业企业拥有各类知识产权超过4.6万件。在全省的科技企业孵化器中,超过三成的孵化器是专业型孵化器,专注于互联网、人工智能、云计算等战略型新兴产业。

广东对孵化器的建设运营已经形成自身的特色。在孵化器建设的主体方面,一个重要特色就是以龙头企业和新型研发机构建设的孵化平台,如达安基因、广东华中科技大学制造工程研究院等;在孵化器建设的场地方面,以旧城镇、旧厂房等为主的"三旧"改造成为孵化器场地的重要来源。

6.6.2 广东省科技企业孵化器发展阶段

广东省科技企业孵化器的发展可以分为三个阶段。

(1) 1991—2006年是起步期。1991年成立的广州市高新技术创业服务中心是广东省第一家科技企业孵化器。截至2006年,全省共有53家科技企业孵化器。

(2) 2006—2011年是成长期。在此阶段广东省的孵化器事业缓慢发展,截至2011年,全省共有近100家孵化器,国家级科技企业孵化器数量为21家。在孵企业数达6000家,累计已毕业企业数达3500家。

(3) 2012年之后是高速发展期。得益于党的十八大之后广东省制定的各项政策,助推本省孵化器建设后来居上,包括孵化器数量、在孵企业数量、国家级科技企业孵化器数量等指标均呈爆炸式增长。截至2016年,全省有634家孵

---

① 来源于广东省科技厅高新处提供的数据。

化器，国家级科技企业孵化器数量为83家。在孵企业数量达26 000家，累计已毕业企业数达11 000家。

6.6.3 广东省科技企业孵化器发展概况

1. 孵化器数量

2016年，广东省科技企业孵化器数量达634家，总数居全国第一。自2013—2016年底，广东孵化器总数年均增长率达63.24%，远远高于全国孵化器30.88%的平均增长率。2013年以来全国及广东孵化器数量概况如表3-4所示。

表3-4　2013—2016年全国及广东科技企业孵化器数量概况

年份	2013	2014	2015	2016	年均增长率/%
全国孵化器数量/个	1468	1748	2533	3259	30.88
广东孵化器数量/个	150	233	326	634	63.24
广东孵化器数量占全国比率/%	10.22	13.33	12.87	19.45	

数据来源：根据科技部火炬中心、广东省科技厅文件整理。

可以看出，2013年广东省科技企业孵化器数量占全国总数的10%左右，经过四年的发展，至2016年广东省孵化器数量占全国总数比例已经接近20%。

2. 国家级科技企业孵化器数量

自2011年之后，广东省国家级科技企业孵化器数量增长迅速，具体如表3-5所示。

表3-5　2011—2017年全国及广东国家级孵化器概况

年份	2011	2012	2013	2014	2015	2016	2017	年均增长率/%
全国国家级孵化器总数/个	388	433	504	607	736	863	988	22.09
广东国家级孵化器数量/个	21	24	35	43	61	83	110	60.54
广东占全国比例/%	5.41	5.54	6.94	7.08	8.29	9.62	11.13	

数据来源：根据科技部历年文件整理。

与孵化器相似，广东国家级孵化器的增长速度同样惊人，截至2017年广东国家级孵化器数量已占全国总数的十分之一，2011—2017年均增长率高达60.54%，是全国总量的近三倍。

6.6.4 广东省科技企业孵化器与其他省市的横向比较

广东省孵化器不仅发展迅速，孵化器质量也处于全国前列。根据科技部对全国国家级科技企业孵化器的年度考核结果，A 类孵化器是指评价结果为"优秀"的孵化器。表 3-6 为近三年广东省 A 类孵化器数量与国内其他孵化器发展较好省市的比较结果。

表 3-6 2014—2016 年部分省市孵化器优质率比较

城市	年份	A 类孵化器数量/个	国家级孵化器总数/个	国家级孵化器优质率/%	三年平均优质率/%
北京	2014	4	36	11.11	13.33
	2015	6	42	14.29	
	2016	7	48	14.58	
天津	2014	2	29	6.90	8.42
	2015	2	36	5.56	
	2016	5	39	12.82	
上海	2014	6	33	18.48	16.78
	2015	8	35	22.86	
	2016	4	43	9.30	
江苏	2014	10	115	8.70	9.52
	2015	12	136	8.82	
	2016	17	154	11.04	
广东	2014	10	43	23.26	19.90
	2015	9	61	14.75	
	2016	18	83	21.69	

数据来源：根据科技部历年国家级孵化器评价考核文件等整理。

从表 3-6 可以看出，广东省国家级科技企业孵化器数量虽然仅次于江苏省，但孵化器的优质率遥遥领先于其他省市。这充分说明，广东的孵化器建设不仅在数量上后来居上，孵化器发展的质量也处于国内前列。

综上所述，可以看到广东省科技企业孵化器的数量和质量均位于国内首位，与其他省市的横向比较优势明显。这样的卓越成就离不开广东省各级政府在背后的支持，广东省孵化器发展的成功证明广东省对孵化服务产品生产的干预是成功的。政府采取的政策措施、扮演的角色是能够弥补孵化服务生产中的市场失灵和合作失灵的。

6.7 广东省干预孵化服务产品生产的经验启示

6.7.1 政策制定要有针对性

广东省科技企业孵化器发展取得的巨大成就，离不开广东省各级政府制定的具有针对性的政策。广东省的政策实践证明政府对孵化服务产品的干预，解决其生产失灵的问题是政府制定政策的出发点与落脚点。对于孵化服务的市场化生产失灵，政府需要针对市场失灵的原因，即外部性问题和投资风险问题扮演相应的外部性补偿者和投资风险共担者；对于孵化服务的合作生产失灵，政府需要针对合作失灵的原因，即孵化服务网络的合作治理问题扮演相应的合作保障者。找准问题，对症下药，是政策有效的前提。此外，在扮演好政府角色的基础上，政府还需要注意引导孵化服务向正确的方向发展：促进孵化器发展的专业化，促进孵化服务的集团化、网络化、合作化生产。

6.7.2 政策实施需要监督和保障措施

广东省的实践表明，政策的制定首先要有针对性。但只有针对性的政策还不够，政府要做好弥补市场失灵、合作失灵等角色，对政策实施的监督和保障必须贯穿其中。

（1）监督措施。第一，对资金支持的监督。比如广州市 2015 年出台文件《广州市科技型中小企业信贷风险补偿资金池管理办法》对信贷风险资金的监督管理制定了若干细则。明确资金管理者市财政局、市科创委两个主体的责任分工，明确信贷风险补偿资金的支持对象，明确资金的运作方式是委托符合相关条件的合作银行等金融机构代为管理，明确风险资金补偿项目的管理原则是"政府审核，银行独立审贷"，同时对资金的使用情况制定严格的监督和考核机制。第二，健全市场监管体制。与外部性补偿者、投资风险共担者等相结合，广东省将初创企业等市场主体信用与市场准入、享受优惠政策等挂钩，通过建设科技企业信息库、科技金融信息平台等平台，引入第三方机构对科技企业进行信用评级，将定期更新的科技企业信息及时对接到省、市两级的信用信息平台，充分利用大数据和信用评价等手段加强监督检查、处置违法违规行为，以有效实现对各类孵化组织的监督。

（2）保障措施。主要表现在创造良好的外部环境，包括促进公平竞争的市场环境、利于创业企业发展的政策环境等。针对科技企业孵化器和创业企业等出台的一系列优惠政策，广东省在具体实践的过程中，建立起由省级政府单位统一协调的工作机制，在明确目标任务的前提下，统筹各地市、各有关部门的资源，形成上下联动、协同推进的工作格局。实际上做到了将弥补市场失灵、弥补合作失灵、直接生产孵化服务等角色的融合，真正扮演好促进科技企业孵化器和孵化企业发展、促进孵化服务有效供给的保障者角色。

6.7.3 政府干预要坚持适度原则

理论分析与广东省的实践都表明，政府对孵化服务生产的干预并不是没有边界的，政府只是弥补孵化服务生产的市场失灵和合作失灵，并不直接提供孵化服务。政府不能替代市场，科技企业孵化器等孵化组织应市场化运作。虽然孵化器具有公益属性，但孵化器未来发展的趋势是成为以利润最大化为目标的企业，要参与市场竞争，自负盈亏。至于因为公益属性造成的孵化服务生产失灵，则交由政府来帮忙解决。广东省对孵化服务的干预就坚持适度原则，即使是对国有孵化器或者国资占股的孵化器，也采取措施帮助其成为按市场化原则运行的企业，以增强孵化组织的市场竞争力。

参考文献

[1] 曼瑟尔·奥尔森. 集体行动的逻辑 [M]. 上海：上海人民出版社，2014.
[2] 曹细玉. 企业孵化器孵化能力评价研究 [J]. 科技进步与对策，2001 (6)：13 – 14.
[3] 陈健. 中国科技企业孵化器网络化发展的探讨 [J]. 情报探索，2004 (4)：69 – 72.
[4] 葛宝山，王艺博. 企业孵化器网络绩效的权变机理研究 [J]. 吉林大学学报（社会科学版），2013，53 (3)：58 – 65.
[5] 黄涛，李光. 我国科技企业孵化器研究现状综述 [J]. 中国科技论坛，2005 (2)：67 – 71.
[6] 姜明辉，牛晓姝. 政府在区域创新网络中的角色定位 [J]. 学习与探索，2005 (4)：214 – 216.
[7] 江小涓，服务全球化与服务外包 [M]. 北京：人民出版社，2008.
[8] 李振华，封新宇，吴文清，等. 多中心治理模式下区域科技孵化服务网络协同创新机制研究 [J]. 中国科技论坛，2016 (1)：44 – 50.
[9] 李振华，马梦月，吴文清. 多中心治理模式下区域科技孵化服务网络框架与效率提升途径 [J]. 科技进步与对策，2014 (18)：40 – 45.
[10] 李振华，赵敏如，吴文清. 社会资本对多中心治理区域科技孵化服务网络产出的影响 [J]. 科技进步与对策，2015 (7)：39 – 44.
[11] 李振华，赵黎明. 科技企业孵化器的网络化发展研究 [J]. 科技管理研究，2007 (11)：49 – 51.
[12] 李文博，林云，张永胜. 集群情景下企业知识网络演化的关键影响因素：基于扎根理论的一项探索性研究 [J]. 研究与发展管理，2011 (6)：34 – 40.
[13] 李刚，张玉臣，陈德棉. 孵化器支撑环境研究 [J]. 科学学与科学技术管理，2001 (6)：34 – 40.
[14] 卢锋. 我国承接国际服务外包问题研究 [J]. 经济研究，2007 (9)：49 – 61.
[15] 卢福财，胡平波. 基于竞争与合作关系的网络组织成员间知识溢出效应分析 [J]. 中国工业经济，2007 (9)：79 – 86.
[16] 庞春. 一体化、外包与经济演进：超边际 – 新兴古典一般均衡分析 [J]. 经济研究，2010 (3)：114 – 128.
[17] 彭正银. 网络治理：理论的发展与实践的效用 [J]. 经济管理，2002 (8)：23 – 27.
[18] 石乘齐，党兴华. 创新网络演化动力研究 [J]. 中国科技论坛，2013 (1)：5 – 10.
[19] 苏敬勤，周颖，洪勇. 高新技术孵化服务网络生成模式及要素研究 [J]. 科学学与科学技术管理，2011 (12)：45 – 52.
[20] 孙大鹏，苏敬勤，张莹莹. 资源外包网络的形成路径研究 [J]. 科研管理，2005 (6)：75 – 81.
[21] 孙国强. 关系、互动与协同：网络组织的治理逻辑 [J]. 中国工业经济，2003 (11)：14 – 20.

[22] 王国红，周建林，唐丽艳. 小世界特性的创新孵化服务网络知识转移模型及仿真研究 [J]. 科学学与科学技术管理，2014（5）：53－63.

[23] 王汉光. 科技企业孵化器网络化运营创新研究 [D]. 武汉：武汉理工大学，2012.

[24] 王红卫，林德昌，杨健康. 科技企业孵化器运营模式创新研究 [J]. 科技管理研究，2010（16）：98－101.

[25] 王艺博. 外部环境、孵化服务网络对孵化绩效影响的实证研究 [D]. 长春：吉林大学，2013.

[26] 王育新，刘晓冰，孙冰. 基于企业集群化的科技企业孵化器研究 [J]. 科技管理研究，2010（7）：96－98，108.

[27] 吴文清，吕卓燏，赵黎明. 科技企业孵化器合作网络结构及测度研究：以北京市、上海市为例 [J]. 科学管理研究，2015（2）：65－68.

[28] 杨霞，池仁勇，王会龙，等. 实现区域孵化器网络化的制度困境及对策 [J]. 中国软科学，2003，17（5）：22－35.

[29] 杨小凯. 发展经济学：超边际与边际分析 [M]. 北京：社会科学文献出版社，2003.

[30] 张宝建，孙国强，薛婷，等. 网络结构对创业绩效的影响研究：基于中国孵化企业的调查分析 [J]. 中国软科学，2015（3）：5－8.

[31] 张波. 孵化服务网络对入孵企业创业绩效的影响研究 [D]. 长沙：中南大学，2010.

[32] 张力，刘新梅，戚汝庆. 孵化器"内网络"的构建与扩张：结构模型与实证分析 [J]. 科学学与科学技术管理，2012（9）：5－12.

[33] 赵黎明，曾鑫. 科技企业孵化器、风险投资、在孵企业三方合作网络演化过程的系统动力学分析 [J]. 科技进步与对策，2012（14）：69－74.

[34] 周建华. 企业孵化器网络构建与绩效评价研究 [D]. 长沙：中南大学，2011.

[35] 周怀峰. 政府支持、市场化运作发展科技企业孵化器 [J]. 广东科技，2015（Z2）：74－78.

[36] 邹伟进，郑凌云. 中国企业孵化器网络化演进：基于网络治理理论分析 [J]. 中国地质大学学报（社会科学版），2010（1）：104－109.

[37] Anna Bergek, Charlotte Norrman. Incubator best practice: a framework [J]. Technovation, 2008, 28 (1-2): 20-28.

[38] Ring P S, Van De Van. Developmental processes of cooperative interorganizational relationships [J]. Academy of Management Review, 1994, 19 (1): 90-118.

[39] Burt R S. Structural Hole [M]. Boston: Harvard Business School Press, 1992.

[40] Carayannis E, et al. High-technology spin-offs from government R&D laboratories and research universities [J]. International Journal of Technovation, 1998, 18 (1): 1-11.

[41] Giullian E, Bell M. Industrial clusters and the evolution of their knowledge networks: Revisiting a chilean case [A]. UK: SPRU Electronic Working Paper Series, 2008: 171.

[42] Granovetter M S. The strength of weak Ties [J]. American Journal of Sociology, 1973: 1360-1380.

[43] Hakanson, Senhota. Business Networks [M]. London: Routledge Press, 1995.

[44] Hansen M T, Chesborough H W, Nohira N, et al. Networked incubators hothouses of the new economy [J]. Harvard Business Review, 2000, 78 (5): 74-84.

[45] Hoang H, Antoncic B. Network-based research in entrepreneurship: acritical reviews [J]. Journal of Business Venturing, 2003, 17 (2): 1-23.

[46] Jarill J C. On strategic networks [J]. Strategic Management Journal, 1988 (9): 104-112.

[47] Jones C, Hesterly S W, Borgatti P S. A general theory of network governance: Exehange conditions and social mechanisms [J]. Aeademy of Management Review, 1997, 22 (4): 42-44.

[48] Krackhardt D. The strength of strong ties: the Importance of philosin organizations [J]. Networks and Organizations: Structure, Form and Action, 1992: 216-239.

[49] Mitehell J C. Social Network in Urban Situations [M]. Manehester: Manchester University Press, 1969.

[50] Tiago Ratinho. Towards a distinction between technology incubators and non-technology incubators: can they contribute to economic growth [C]. PLoS ONE, 2010 (1): 38-49.

[51] Zaheer A, Bell G G. Benefiting from network position: firm capabilities, structural holes, and performance [J]. Strategic Management Journal, 2005, 26 (9): 809-825.

[52] 罗伯特·阿克塞尔罗德. 合作的进化 [M]. 吴坚忠译. 上海: 上海人民出版社, 2007.

[53] 埃莉诺·奥斯特罗姆. 公共事物的治理之道: 集体行动制度的演进 [M]. 上海: 上海译文出版社, 2012.

[54] 郭韬, 洪进, 赵定涛. 孵化器服务创新能力与企业风险资本的获得 [J]. 中国科技论坛, 2012 (11): 65-69.

[55] 胡海青, 李浩. 孵化器领导力与孵化服务网络绩效实证研究 [J]. 管理评论, 2016, 28 (3): 164-171.

[56] 胡海青, 张旻, 张宝建, 等. 网络交互模式与创业支持类型: 基于中国孵化产业的实证分析 [J]. 科学学研究, 2012, 30 (2): 275-282.

[57] 李浩, 胡海青. 孵化服务网络治理机制对网络绩效的影响: 环境动态性的调节作用 [J]. 管理评论, 2016, 28 (6): 100-111.

[57] 刘丹, 闫长乐. 协同创新网络结构与机理研究 [J]. 管理世界, 2013 (12): 1-4.

[59] 李振华, 闫娜娜, 谭庆美. 多中心治理区域科技孵化服务网络多主体协同创新研究 [J]. 中国科技论坛, 2016 (7): 92-98.

[60] 李振华, 赵敏如, 王佳硕. 社会资本对区域科技孵化服务网络创新产出影响: 基于多中心治理视角 [J]. 科学学研究, 2016, 34 (4): 564-581.

[61] 宋清, 胡雅杰, 李志祥. 促进科技型创业企业成长的孵化要素实证研究 [J]. 科学学与科学技术管理, 2011, 32 (5): 108-114.

[62] 谭开明, 魏世红. 美国科技孵化器网络发展演进及启示 [J]. 科技管理研究, 2007 (4): 58-59.

[63] 王琴. 网络治理的权力基础: 一个跨案例研究 [J]. 南开管理评论, 2012, 15 (3): 91-

100.

[64] 王水莲. 中国孵化器研究脉络与方向选择 [J]. 技术经济与管理研究, 2015 (5): 45-49.

[65] 王国红, 贾楠, 邢蕊. 创新孵化服务网络与集群协同创新网络的耦合研究 [J]. 科学学与科学技术管理, 2013, 34 (8): 73-82.

[66] 王三义, 刘新梅, 吴翠花, 等. 企业联盟网络联结方式的机理研究 [J]. 生产力研究, 2006 (11): 225-227.

[67] 王国红, 邢蕊. 创业导向对在孵企业创新绩效的影响研究 [M]. 北京: 科学出版社, 2014: 1-200.

[68] 王国红, 周建林, 邢蕊. 基于双重扩散过程的创新孵化服务网络内知识扩散方选择策略研究 [J]. 科学学与科学技术管理, 2015, 36 (4): 105-114.

[69] 施宏伟, 康新兰. 基于创新网络结构的中心度界定与节点创新模型 [J]. 科技管理研究, 2016 (10): 1-5.

[70] 谢菲, 赵黎明, 吴文清. 科技企业孵化器与创业投资合作及治理 [J]. 天津大学学报（社会科学版）, 2009, 11 (6): 490-493.

[71] 张宝建, 胡海青, 张道宏. 企业孵化器组织的网络化机理研究述评 [J]. 科学学与科学技术管理, 2011, 32 (10): 152-157.

[72] 张力, 戚汝庆, 周勇涛. 在孵企业成功毕业的影响因素: 基于孵化互动视角的研究 [J]. 科学学研究, 2014, 32 (5): 758-765.

[73] 张宝建, 孙国强, 张宇. 企业孵化服务网络主体的协同创新: 基于演化博弈的视角 [J]. 太原理工大学学报（社会科学版）, 2014, 32 (2): 40-43.

[74] Emerson R M. Power-dependence relations [J]. American Sociological Review, 1962, 27 (1): 31-41.

[75] Enrico B, Malena I H. Identifying new dimensions of business incubation: a multi-level analysis of karolinska institute's incubation system [J]. Technovation, 2016, 50: 53-68.

[76] Joanne L S, Alok K, Chakrabatri. The role of incubator interactions in assisting new ventures [J]. Technovation, 2009, 30 (3): 155-167.

[77] Leora R, ASAF D. Technological incubators and the social construction of innovation networks: an israeli case study [J]. Technovation, 2005, 25 (2): 59-67.

[78] Lin N. Social capital: a theory of social structure and action [M]. New York: Cambridge University Press, 2001.

[79] Mark P R. Co-production of business assistance in business incubators an exploratory study [J]. Journal of Business Venturing, 2002 (17): 163-187.

[80] Robert E S, Isabella L A, Thomas C M. Alliances Management: A View from Past and A Look to the Future [J]. Journal of Management Studies, 1998, 35 (6): 747-772.

[81] Sarfraz M, Wadid L, Alain F. Technology Business Incubation: An Overview of the State of Knowledge [J]. Technovation, 2016, 50: 1-12.

[82] Zollo M, Rruer J J, Singh H. Interorganizational Routines and Performance in Strategic Alliance

[J]. Organization Science, 2002, 13 (6): 701 – 713.

[83] 奥利弗·E. 威廉姆森. 治理机制 [M]. 北京: 机械工业出版社, 2016.

[84] 陈晓龙. 政府在科技企业孵化器建设中的作用研究: 以宁夏回族自治区为例 [D]. 北京: 中央民族大学, 2016.

[85] 程华. 外部性、技术创新与政府作用 [J]. 经济问题探索, 2008 (8): 67 – 69.

[86] 邓伟根, 张文龙. 科技企业孵化器的制度经济分析: 外部性与运营制度的选择 [J]. 社会科学家, 2009 (4): 64 – 66.

[87] 菲利普·阿吉翁, 彼得·霍依特. 内生增长理论 [D]. 北京: 北京大学出版社, 2004.

[88] 金加林, 李玲, 刘喜华. 高新技术产业孵化器模式的比较选择研究 [J]. 科学管理研究, 2004, 22 (3): 76 – 79.

[89] 李美景. 苏、沪、杭地区孵化器运行中政府作用及对南京孵化器的借鉴 [D]. 南京: 南京理工大学, 2009.

[90] 李颖. 对政府主导型科技园的思考 [J]. 合作经济与科技, 2012 (10): 18 – 20.

[91] 刘艳莉. 我国科技企业孵化器的系统运行机制与绩效评价研究 [D]. 哈尔滨: 哈尔滨工程大学, 2009.

[92] 刘峰涛, 王鲁梅. 孵化器外部性的分析 [J]. 科学学研究, 2005 (10): 678 – 681.

[93] 卢珊. 科技企业孵化器与创投合作中的补贴研究 [D]. 天津: 天津大学, 2012.

[94] 马凤岭. 中国科技企业孵化器发展报告 [M]. 厦门: 厦门大学出版社, 2003.

[95] 潘冬, 杨晨, 黄永春. 科技企业孵化器服务中的政府行为透析 [J]. 科学管理研究, 2012 (10): 73 – 76.

[96] 王少珺. 科技企业孵化器建设中的政府作用研究: 以天津市东丽区为例 [D]. 天津: 天津商业大学, 2012.

[97] 王会龙, 池仁勇. 区域科技孵化服务网络的构建及其创新效应 [J]. 中国软科学, 2004, 18 (4): 210 – 215.

[98] 宋刚. 科技企业综合孵化系统融资服务研究 [D]. 北京: 中国政法大学, 2017.

[99] 王丽. 郑州高新区国家创新型科技园区建设研究 [D]. 郑州: 郑州大学, 2009.

[100] 文飞兵. 基于创新市场失灵的企业孵化器机理研究 [D]. 广州: 暨南大学, 2009.

[101] 吴文清. 科技企业孵化器合作与规制研究 [D]. 天津: 天津大学, 2009.

[102] 瓦里安. 微观经济学 (高级教程) [M]. 北京: 经济科学出版社, 1999.

[103] 谢菲, 赵黎明, 吴文清. 科技企业孵化器与创业投资合作及治理 [J]. 天津大学学报 (社会科学版), 2009, 11 (6): 490 – 493.

[104] 熊婧, 唐青青, 董婷梅. 大众创新创业背景下科技企业孵化器发展中的政府角色探析: 基于政府责任的视角 [J]. 创新科技, 2015 (6): 7 – 10.

[105] 袁春燕, 仇向洋. 企业孵化器的运作模式探讨 [J]. 现代经济探讨, 2002 (2): 65 – 67.

[106] 赵黎明, 刘书英, 卢珊. 基于新规制经济学的孵化器与创业企业补贴机制 [J]. 河北大学学报 (哲学社会科学版), 2014, 39 (1): 110 – 114.

[107] 周怀峰, 陈晔. 科技企业孵化服务网络成员的合作基础 [J]. 技术与创新管理, 2017, 389

（2）：159 – 164.

[108] 周怀峰，吴勇浩. 共同体视角下孵化服务网络成员间的合作［J］. 技术与创新管理，2016，37（5）：533 – 537.

[109] 张宝建，胡海青，张道宏. 企业孵化器组织的网络化机理研究述评［J］. 科学学与科学技术管理，2011，32（10）：152 – 157.

[110] 左志刚，安琪. 美国科技企业孵化器发展最新动态及其启示［J］. 世界科技研究与发展，2014，36（5）：566 – 573.

[111] 邹霞. 科技企业孵化器发展中的政府作用：以广西为例［D］. 南宁：广西大学，2016.

[112] Allen David, Rrehman Syedur. Small business incubators: a positive environment for entrepreneurship［J］. Jounal of Small Business Management，1985，23（3）：12 – 24.

[113] Anne Bollingtoee, John Pulhoi. The networked business incubator: Leveraging ageney［J］. Jounal of Business Venturing，2005，20（2）：265 – 290.

[114] Chan K F, Lau T. Assessing technology incubator programs in the science park: the good, the bad and the ugly［J］. Technovation，2005，25（10）：1215 – 1228.

[115] Joel Wiggins, David V Gibson. Obview of US incubators and the case of the austin technology incubator［J］. Entrepreneurship and Innovation Management，2003（3）：1 – 2.

[116] Lalkaka R. Business incubator in economic development: an initial assessment in industrializing Countries［M］. UNDP, NewYork. 1996.

[117] Lalkaka R. Rapid growth of business incubation in China: lessons for developing and restructuring Countries［R］. World Association of Industrial and Technology Research Organizations，2000：1 – 12.

[118] Moore W C, Petty J W. Small business management: an entrepreneurial emphasis［M］. 10th. Cincinnati: South-Western College Publishing，2000.

[119] Robert E S, Isabella L A, Thomas C M. Alliances management: a view from past and a look to the future［J］. Journal of Management Studies，1998，35（6）：747 – 772.

[120] Roth A V. Insights into service operations management: a research agenda［J］. Production and Operations Management，2003，12（2）：145 – 164.

[121] Sarfraz M, Wadid L, Alain F. Technology business incubation: an overview of the state of knowledge［J］. Technovation，2016，50：1 – 12.

[122] Sean M H, David M D. A systematic review of business incubation researeh［J］. Journal of Technology Transfer，2004，29，55 – 82.